~ FAIT MAISON ~
d'ailleurs

ÉTATS-UNIS
LE BEST OF

hachette
CUISINE

Mélanie Martin

- FAIT MAISON -

ÉTATS-UNIS

Photographies : Aline Princet
Stylisme : Isabelle Brouant

hachette
CUISINE

- FAIT MAISON -

SOMMAIRE

- INTRODUCTION -

La cuisine américaine ne se limite pas à celle des fast-food. Les États-Unis ont une vraie cuisine cosmopolite à l'image du pays, un véritable melting-pot des saveurs !

Pratiquement chaque région a ses propres recettes et regorge de spécialités issues des différentes cultures qui composent le pays : culture latine au Texas, française en Louisiane, britannique au nord-est…

Découvrez dans un premier temps les techniques pour réaliser quelques bases de la cuisine made in US. Puis envolez-vous très vite pour le rêve américain car il se dévore tôt dès le matin avec un copieux petit déjeuner ou, pour les lève-tard, avec un délicieux brunch. Réalisez des œufs Benedict, des hash brows, un carrot cake et accompagnez le tout d'un smoothie aux fruits rouges.

Poursuivez la journée avec des recettes phares comme le coleslaw, la salade Cæsar, le jambalaya cajun, le jambon de Virginie ou encore le délicieux travers de porc au barbecue.

Et terminez par des douceurs comme le cheesecake, les donuts, les cupcakes ou essayez les fameuses pies, les États-Unis débordent de recettes de tartes : réalisez la pumpkin pie, la tarte au citron meringuée ou encore celle aux groseilles.

Vous trouverez bien évidemment tous les recettes des sandwichs made in US avec le fameux hot-dog new-yorkais, le bagel au saumon, le hamburger au bacon, le BLT….

Partez sans plus attendre de l'autre côté de l'Atlantique pour découvrir la vraie cuisine américaine !

NOS COUPS DE CŒUR

POUR UNE SOIRÉE À THÈME US

Hamburger au bacon — 48

Hot dog de New York — 52

BLT — 56

Crab cakes — 68

Salade Caesar — 72

Nuggets de poulet — 106

Travers de porc à l'américaine — 110

Kentucky corn chicken — 118

Jambalaya cajun — 130

Brownie — 154

POUR ÉPATER

Œufs Benedict — 26

Lobster roll — 64

Soupe de coques — 82

Soupe de butternut, effiloché de canard — 90

Chili con carne — 108

Gambas à l'américaine — 126

Jambon de Virginie à l'ananas — 128

Dinde de Thanksgiving — 132

White cake — 164

POUR LES BECS SUCRÉS

POUR LES ENFANTS

- CE QU'IL VOUS FAUT -

LE MATÉRIEL INDISPENSABLE

UN BLENDER
Pour réaliser des smoothies ou des milkshakes onctueux.

UN ROBOT
Pour gagner du temps, vous pouvez réaliser avec un robot pétrisseur les différentes pâtes (à bagels, à burgers, à hot dogs ou les pâtes à tarte).

UN ROULEAU À PÂTISSERIE
L'élément indispensable pour étaler les pâtes à tarte ou à pizza

UN FOUET ÉLECTRIQUE OU FOUET À MAIN
Pour émulsionner toutes les sauces ou réaliser des mayonnaises ou encore monter de la crème en chantilly.

UNE RÂPE
Une râpe manuelle ou celle d'un robot seront parfaites pour les carottes râpées du carrot cake ou les pommes de terre des hash brows.

UNE PLAQUE À PÂTISSERIE
Recouverte d'une feuille de papier cuisson, la plaque à pâtisserie sera essentielle pour réaliser les desserts de ce livre.

INGRÉDIENTS À TOUJOURS AVOIR SOUS LA MAIN

DANS VOTRE PLACARD

Farine, levure, bicarbonate de soude, sel, sauce Worcestershire, thé, tomates pelées en conserve, ketchup, mayonnaise, huile, cubes de bouillon, ail, oignon, graines (sésame, pavot, lin…), épices moulues, lait, miel, sucre, moutarde, vinaigre, raisins secs, sirop d'érable, chocolat, noix de pécan, sucre vanillé, biscuits à thé, vanille liquide, riz, pois cassés, haricots secs, etc.

DANS VOTRE RÉFRIGÉRATEUR

Crème épaisse et liquide, beurre, fromage frais, filets de poulet, œufs, bacon, lard, oranges, citrons, gingembre, salade, jambon, cheddar, tomates…

DANS VOTRE CONGÉLATEUR

Myrtilles, framboises, cubes de tomates, glace vanille, glaçons, herbes coupées, rouleaux de pâte feuilletée et de pâte brisée.

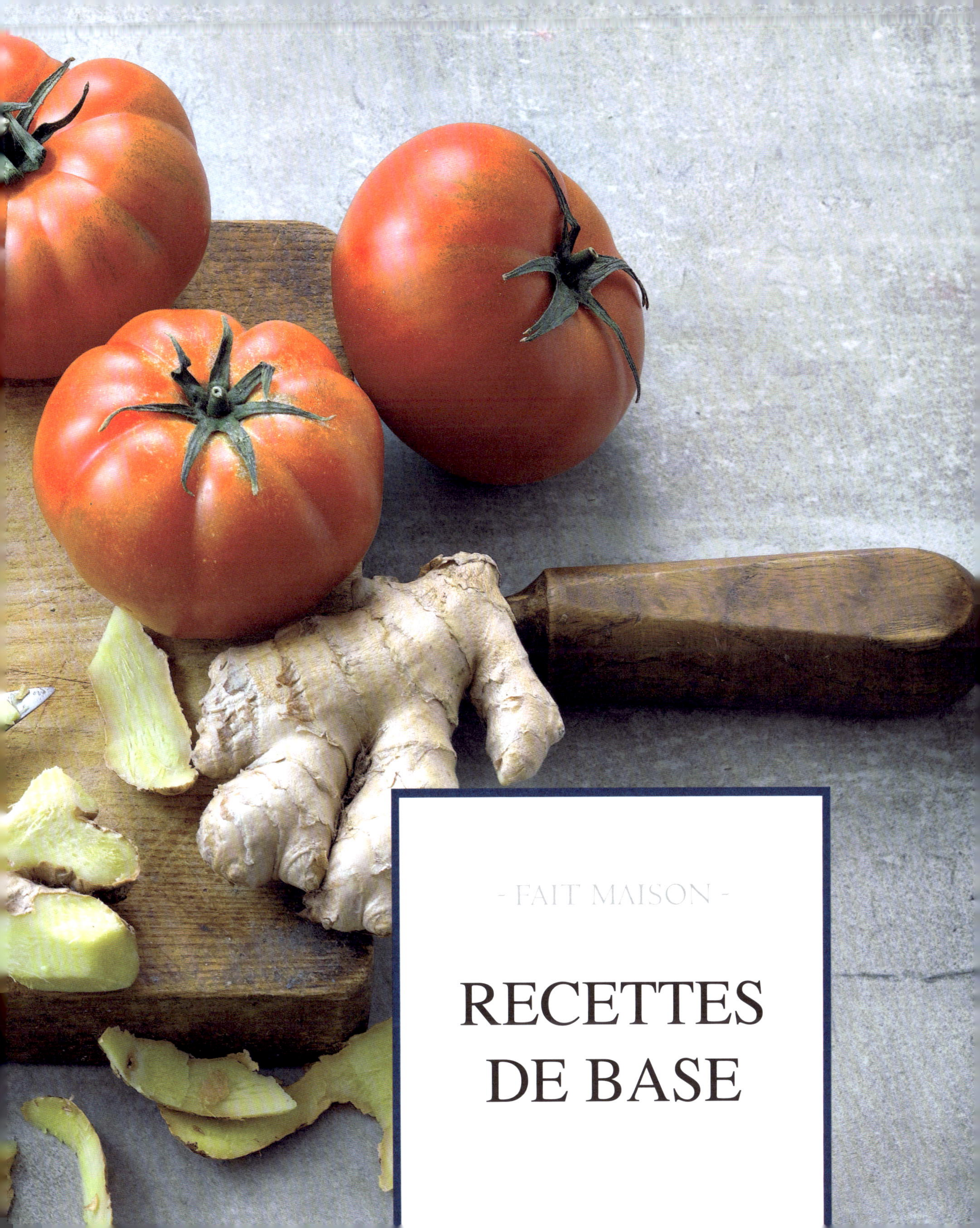

- FAIT MAISON -

RECETTES DE BASE

PAINS À BURGERS ET À HOT-DOGS

FACILE

Pour **10** pains
40 min de préparation
20 min de cuisson
1 h **30** de repos
Coût €

500 g de farine T55 • 20 g de levure de boulanger • 20 cl de lait à température ambiante • 5 cl d'eau tiède • 25 g de sucre en poudre • 60 g de beurre mou • 1 œuf • 5 g de sel

Pour la finition burgers
1 jaune d'œuf • 2 cuil. à soupe de graines (type : lin, tournesol, courges, sésame...)

Pour la finition hot-dogs
4 cuil. à soupe de lait pour la dorure

Matériel
Pinceau

1 Diluez la levure dans le lait et l'eau tiède et laissez reposer dans un endroit tiède pendant 10 min.

2 Dans un saladier, mélangez la farine et le sucre. Creusez une fontaine et versez-y la levure diluée. Commencez à mélanger avec une spatule en bois.

3 Coupez le beurre en morceaux puis ajoutez-le au mélange farineux. Battez l'œuf avec le sel.

4 Continuez de mélanger puis ajoutez l'œuf.

5 Recouvrez la pâte d'un torchon et laissez-la doubler de volume dans un endroit tiède pendant 1 h.

6 Faites ensuite dégonfler la pâte en l'écrasant avec la paume de la main, farinez ensuite vos mains et prélevez des boules de pâtes de 80 g.

POUR LES PAINS À BURGERS

Formez des boules de pâte avec chaque pâton et posez-les sur une plaque recouverte de papier sulfurisé. Aplatissez légèrement les boules de pâte et badigeonnez-les, à l'aide d'un pinceau, d'œuf battu mélangé avec quelques gouttes d'eau. Parsemez les graines puis laissez pousser une deuxième fois la pâte dans un endroit tiède pendant 20 min.

Préchauffez le four à 190 °C (th. 6). Enfournez pendant 20 min environ. Une fois qu'ils sont dorés, laissez refroidir les pains à burgers, avant de les utiliser.

POUR LES PAINS À HOT-DOGS

Formez des boudins de pâte avec chaque pâton d'environ 15 cm de long puis effilez les extrémités. Posez-les ensuite sur une plaque recouverte de papier sulfurisé. Laissez pousser une deuxième fois la pâte dans un endroit tiède pendant 20 min. Badigeonnez-les, à l'aide d'un pinceau trempé dans du lait.

Préchauffez le four à 170 °C (th. 5-6). Enfournez pendant 20 min environ. Une fois qu'ils sont dorés, laissez refroidir les pains à hot-dogs avant de les utiliser.

PAINS À BAGELS

FACILE

Pour **12** pains
40 min de préparation
12 à **15** min de cuisson
1 h **30** de repos
Coût €

550 g de farine • 1 cuil. à café de sel • 3 cuil. à café de sucre • 1 sachet de levure de boulanger instantanée (5 g) • 35 cl d'eau tiède • 1 cuil. à soupe d'huile • 1 cuil. à soupe de sucre roux • 1 jaune d'œuf • 2 cuil. à soupe de graines (type : lin, tournesol, courges, sésame...)

1 Dans un saladier, mélangez la farine, le sel et le sucre. Creusez un puits dans le mélange. Diluez la levure dans l'eau tiède. Versez la levure et l'huile au centre de la farine.

2 Commencez à pétrir pendant 10 min.

3 Une fois que la pâte est bien homogène, laissez-la gonfler pendant 1 h.

4 Divisez la pâte en 12 portions égales puis façonnez-les en bagels : formez un boudin en roulant chaque morceau sous la paume des mains en veillant bien à étirer les extrémités. Une fois que le diamètre du boudin est bien homogène, formez un anneau en réunissant les deux extrémités tout en les faisant se chevaucher et pressez légèrement pour les souder entre elles. Redonnez une forme harmonieuse et déposez les anneaux sur une plaque de cuisson préalablement huilée. Laissez gonfler à nouveau 30 min.

5 Préchauffez le four à 250 °C (th. 8 environ). Faites bouillir un grand volume d'eau avec le sucre roux et plongez-y les bagels. Faites-les pocher 1 min de chaque côté. Égouttez les bagels sur des feuilles de papier absorbant, enduisez-les de jaune d'œuf et parsemez-les de graines de céréales. Enfournez pour 10 à 12 min.

6 Laissez refroidir les pains avant de les couper en deux et de les garnir.

PÂTE À PIZZA

FACILE

Pour **4** pizzas de **15** cm
10 min de préparation
7 à **9** min de cuisson
48 h de repos
Coût €

400 g de farine T55 + 50 g pour le plan de travail • ½ cuil. à café de levure de boulanger déshydratée • 25,5 cl d'eau minérale • 1 cuil. à café d'huile d'olive 1 cuil. à café de sel

Matériel
Film alimentaire • Pinceau

1 Mettez les 2/3 de la farine et la levure diluée dans l'eau. Mélangez et laissez reposer 20 min.

2 Ajoutez le sel, l'huile d'olive et le reste de farine petit à petit. Pétrissez 10 min jusqu'à ce que la pâte soit souple. Elle ne doit pas être trop collante. Coupez la pâte en 2 ou en 4. Formez des boules et mettez chaque portion dans un bol légèrement huilé à l'aide d'un pinceau.

3 Fermez hermétiquement chaque bol avec du film alimentaire et laissez reposer au réfrigérateur au moins 48 h. Sortez la pâte et laissez-la reposer 1 ou 2 h à température ambiante.

4 Préchauffez le four à 280 °C (th. 9 environ). Étalez la pâte en forme de cercles de 15 cm de diamètre puis garnissez-les.Enfournez sur une plaque pour 7 à 9 min de cuisson.

PÂTE SUCRÉE

FACILE

Pour **1** grande tarte
20 min de préparation
20 à **25** min de cuisson
Coût €

200 g de farine T45 + 10 g pour le plan de travail • 90 g de sucre glace • 25 g de poudre d'amandes • 100 g de beurre froid • 1 pincée de fleur de sel • 1 œuf entier • Farine pour le plan de travail • Beurre pour le moule

1 Tamisez la farine, le sucre glace et la poudre d'amandes sur votre plan de travail puis ajoutez le beurre en dés. Mélangez du bout des doigts pour obtenir une poudre fine. Ajoutez le sel et l'œuf battu à la fourchette. Incorporez progressivement le sablage. Écrasez rapidement le tout à pleines mains, sans trop pétrir.

2 Formez ensuite une boule de pâte puis aplatissez-la avec la paume de la main, farinez-la légèrement puis enveloppez-la de film alimentaire. Placez la pâte 1 h au réfrigérateur.

3 Farinez le plan de travail, étalez la pâte au rouleau puis piquez-la à la fourchette. Beurrez le moule puis déposez la pâte en la collant bien aux parois. Découpez l'excédent. Placez au frais pendant 30 min.

4 Préchauffez le four à 180 °C (th. 6). Déposez une feuille de cuisson froissée sur la pâte puis versez des haricots secs. Précuisez à blanc 15 min avec du poids puis 5 min sans.

SAUCE BBQ

FACILE

Pour **1** petite bouteille de sauce
25 min de préparation
20 à **30** min de cuisson
Coût €

2 piments jalapeno (facultatif) • 1 oignon • 2 gousses d'ail • 3 cuil. à soupe de sucre cassonade • 6 cl d'eau • 6 cl de miel liquide • 20 cl de ketchup • 1 cuil. à soupe de mélasse • 1 cuil. à soupe de sauce Worcestershire • 2 cuil. à soupe de vinaigre de cidre • 1 cuil. à café de moutarde sèche (type Colman's) • 1 cuil. à café de poudre de piment de Cayenne • 1 cuil. à café de paprika • ¼ cuil. à café de poivre de Cayenne • 2 cuil. à soupe d'huile d'olive • Sel et poivre du moulin

Matériel
Mixeur • Petite bouteille en verre (pour conserver la sauce)

1 Coupez en deux les piments et égrenez-les. Pelez et émincez l'oignon et l'ail.

2 Faites caraméliser l'oignon pendant 15 à 20 min avec l'huile d'olive et 1 pincée de sel.

3 Une fois que la couleur est bien dorée, ajoutez, hors du feu, le reste des ingrédients. Laissez la sauce mijoter pendant 20 à 30 min en remuant de temps en temps.

4 À la fin de la cuisson, mixez la sauce jusqu'à obtenir une consistance bien lisse. Rectifiez l'assaisonnement si nécessaire. Une fois refroidie, versez la sauce dans la bouteille ; vous pouvez ainsi la conserver quelques semaines au réfrigérateur.

KETCHUP

FACILE

Pour **1** petite bouteille de ketchup
20 min de préparation
20 à **25** min de cuisson
Coût €

3 cm de gingembre frais • ½ gousse d'ail • 250 g de tomates • 2 cuil. à soupe de sucre • 1 cuil. à soupe de miel liquide • 3 cl de vinaigre balsamique blanc • 1 pincée de piment de Cayenne • 1 pincée de sel fin

Matériel
Mixeur • Contenant hermétique (pour conserver la sauce)

1 Épluchez et hachez le gingembre. Pelez l'ail. Retirez le pédoncule des tomates et coupez-les en quatre.

2 Dans une casserole, faites fondre le sucre et le miel avec le vinaigre balsamique. Portez à ébullition et laissez réduire d'un tiers. Assaisonnez et ajoutez les ingrédients, puis faites cuire à feu doux pendant 20 min.

3 Mixez la sauce et rectifiez l'assaisonnement si besoin.

4 Versez le ketchup dans un contenant hermétique ; vous pouvez ainsi le conserver une dizaine de jours au réfrigérateur.

MAYONNAISE

FACILE

Pour **1** pot de mayonnaise
10 min de préparation
Coût €

1 jaune d'œuf • 1 cuil. à café de moutarde forte • 15 cl d'huile végétale • ½ citron • Sel et poivre du moulin

Matériel
Fouet

1 Sortez au préalable tous les ingrédients, ils doivent être à température ambiante.

2 Posez le récipient dans lequel vous allez préparer la mayonnaise sur un torchon mouillé plié en quatre pour éviter qu'il ne bouge. Mélangez le jaune et la moutarde à l'aide d'un fouet puis versez l'huile en mince filet tout en fouettant.

3 Continuez jusqu'à épuisement de l'huile. La mayonnaise doit être épaisse.

4 Pressez le citron et ajoutez le jus à la sauce. Salez, poivrez et mélangez bien. Gardez au frais ou servez aussitôt.

GLAÇAGE NATURE

FACILE

Pour **1** gâteau
5 min de préparation
Coût €

1 blanc d'œuf • 1 filet de jus de citron jaune • 150 g de sucre glace

1 Dans un récipient, battez le blanc d'œuf et ajoutez le jus de citron.

2 Versez la moitié du sucre glace tamisé, mélangez bien puis ajoutez le reste. Remuez et, si le mélange est trop liquide, ajoutez un peu de sucre glace.

3 Coulez le glaçage sur le gâteau, étalez à l'aide d'une spatule et laissez durcir quelques minutes avant de servir.

ASTUCE

Pour un glaçage plus épais, ajoutez 25 g de sucre glace en plusieurs fois.

- FAIT MAISON -

BREAKFAST & BRUNCH

UN PEU DIFFICILE

Pour **4** à **6** personnes
40 min de préparation
15 min de cuisson
Coût €

ŒUFS BENEDICT

4 œufs • 2 muffins anglais • 4 tranches de bacon • 20 g de beurre (pour les tranches) • 1 cuil. à soupe de vinaigre blanc (pour la cuisson) • Sel, poivre

Sauce mousseline
5 cl de crème fleurette • 125 g de beurre • 2 jaunes d'œufs • 1 cuil. à soupe de jus de citron • 1 cuil. à soupe d'eau froide • Sel, poivre

Matériel
Écumoire • Fouet

1. Portez à frémissements de l'eau vinaigrée dans une casserole. Cassez les œufs un à un dans une tasse, versez-les toujours un par un dans l'eau frémissante, puis rabattez le blanc sur le jaune. Une fois que le blanc est cuit, sortez l'œuf poché avec une écumoire puis déposez-le dans une assiette recouverte de papier absorbant.

2. Montez au fouet la crème en chantilly.

3. Clarifiez le beurre. Faites-le fondre doucement au bain-marie dans un récipient haut et pas très large. Retirez l'écume à la surface, récupérez uniquement le corps gras en laissant au fond le petit lait.

4. Dans une petite casserole, au bain-marie, mélangez au fouet les jaunes d'œufs, le jus de citron et l'eau. Fouettez jusqu'à ce que la sauce devienne onctueuse, puis incorporez en fouettant le beurre clarifié, salez. Hors du feu, ajoutez la crème battue en chantilly.

5. Faites dorer les tranches de bacon dans une poêle bien chaude sans matière grasse.

6. Coupez les muffins en deux et faites-les toaster. Tartinez-les légèrement de beurre. Déposez 1 demi-muffin par assiette, recouvrez d'une tranche de bacon puis d'un œuf poché et nappez de sauce mousseline. Dégustez chaud.

FACILE

Pour **15** scones environ
20 min de préparation
15 à **20** min de cuisson
Coût €

SCONES

1 sachet de thé Earl Grey • 150 g de raisins secs • 120 g de beurre • 500 g de farine (+ un peu pour le plan de travail) • 2 cuil. à soupe de levure chimique ou baking powder • 2 cuil. à soupe de sucre en poudre • 30 cl de lait entier • 1 cuil. à café de sel fin • 1 œuf

Matériel
Rouleau à pâtisserie • Emporte-pièce d'environ 5 cm de diamètre
Papier sulfurisé • Pinceau, fouet

Préchauffez le four à 180 °C (th. 6). Faites bouillir de l'eau, versez-la dans un bol puis faites infuser le sachet de thé. Ajoutez les raisins pour les faire gonfler.

Coupez le beurre en dés. Réunissez dans un grand récipient la farine, la levure, le sucre et le sel, mélangez avec un fouet. Ajoutez le beurre à température ambiante et incorporez-le à la farine du bout des doigts. Versez le lait et les raisins égouttés puis pétrissez légèrement jusqu'à l'obtention d'un mélange homogène. Si besoin, ajoutez un peu de farine.

Farinez le plan de travail, étalez la pâte au rouleau à pâtisserie sur une épaisseur d'environ 3 cm. Avec l'emporte-pièce, découpez des ronds de pâte et déposez-les sur une plaque à four recouverte de papier sulfurisé. Dans un petit bol, battez l'œuf puis badigeonnez à l'aide d'un pinceau le dessus des scones. Enfournez pour 15 à 20 min jusqu'à ce que les scones soient dorés.

Sortez les scones du four et laissez-les tiédir sur une grille.

Dégustez-les accompagnés de beurre ou de confiture.

ASTUCE
Si vous ne disposez pas d'emporte-pièce, utilisez un verre ou une tasse d'un diamètre similaire.

FACILE

Pour **16** pancakes
20 min de préparation
1 à **2** min de cuisson
Coût €

BLUEBERRY PANCAKES

130 g de myrtilles surgelées (ne pas les décongeler) • 1 œuf (à température ambiante) • 460 g de lait entier (à température ambiante) • 60 g de beurre • 280 g de farine T.55 • 1 sachet de levure chimique • 4 g de bicarbonate • 25 g de sucre en poudre • 4 g de sel • Huile d'arachide (pour la cuisson) • Sirop d'érable (pour servir)

1. Cassez l'œuf dansun saladier, ajoutez le lait et fouettez. Faites fondre le beurre et ajoutez-le à la préparation, fouettez.

2. Mélangez tous les ingrédients secs dans un autre bol : farine, levure, bicarbonate, sucre et sel. Faites un puits au centre et versez le mélange liquide. Battez au fouet et arrêtez dès que la pâte est homogène.

3. Huilez une poêle, à l'aide d'un papier absorbant, et faites-la chauffer. Versez des louches de pâte pour former des pancakes. Parsemez les pancakes de myrtilles. Laissez cuire jusqu'à ce que des bulles se forment à la surface. Retournez les pancakes pour cuire l'autre face.

4. Dégustez ces pancakes avec du sirop d'érable.

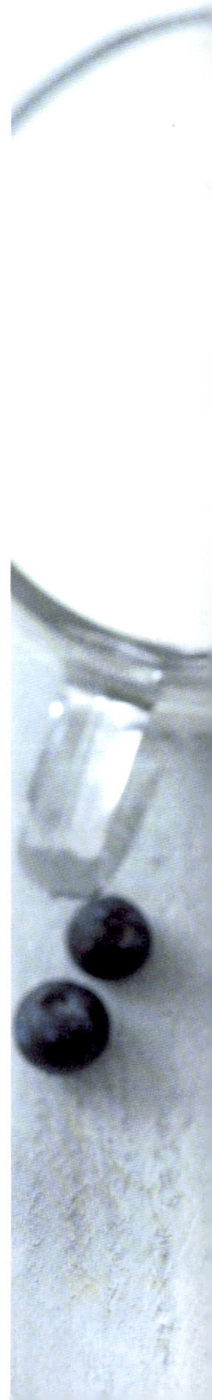

UN PEU DIFFICILE

Pour **10** pretzels environ
45 min de préparation
15 min de cuisson
1 h **30** de repos
Coût €

PRETZELS SUCRÉS

650 g de farine T65 • 2 cuil. à café de levure sèche de boulanger • 1 cuil. à soupe de sucre • 2 cuil. à café de sel fin • 60 g de beurre à température ambiante • 18 cl d'eau tiède • 20 cl de lait tiède • 1 cuil. à soupe d'huile végétale

Pour la cuisson
• 2,5 l d'eau • 100 g de bicarbonate de sodium • 1 jaune d'œuf • Sucre en grains

Matériel
Plaques • Papier sulfurisé • Grille

1. Dans un saladier, mélangez la farine, la levure, le sucre et le sel. Creusez un puits puis déposez à l'intérieur le beurre coupé en dés, l'eau et le lait tièdes. Commencez à mélanger, à l'aide d'une cuillère en bois, en partant du centre. Incorporez progressivement la farine. Une fois que la pâte se décolle des parois, déposez-la sur le plan de travail et pétrissez-la pendant environ 5 min. La pâte doit être souple et homogène.

2. Huilez rapidement le saladier en prenant soin d'enlever les résidus au préalable puis déposez-y la pâte, couvrez avec un torchon et laissez doubler de volume dans un endroit tempéré sans courant d'air pendant 1 h 30.

3. Préchauffez le four à 200 °C (th. 6). Retirez le gaz de la pâte en l'aplatissant avec le plat de la main puis déposez-la sur un large plan de travail légèrement huilé. Divisez la pâte en 10 portions égales puis roulez-les en boudins sur une longueur de 30 cm. Laissez reposer le temps de faire chauffer l'eau et le bicarbonate de sodium.

4. Roulez de nouveau les boudins jusqu'à 50 cm de longueur. Commencez par faire une boucle en croisant les extrémités, puis croisez-les à nouveau pour former un nœud. Pliez les pretzels en 2 en ramenant les extrémités croisées sur la boucle.

5. Plongez un à un chaque pretzel dans le bain bouillonnant pendant 30 s puis déposez-les sur des plaques à four recouvertes de papier sulfurisé. Badigeonnez-les d'œuf battu et saupoudrez-les de grains de sucre. Enfournez pendant une quinzaine de minutes, le temps que les pretzels soient bien dorés.

6. Laissez-les tiédir ou refroidir sur une grille afin de les déguster tièdes ou froids.

FACILE

Pour **4** à **6** personnes
35 min de préparation
20 à **25** min de cuisson
Coût €

CARROT CAKE

150 g de noix de pécan • 230 g de farine • 2 cuil. à café de levure chimique • 2 cuil. à café de bicarbonate • 1 cuil. à café de sel • 1 cuil. à café de cannelle • ½ cuil. à café de noix muscade en poudre • 4 œufs • 300 g de sucre • 35 cl d'huile végétale • 400 g de carottes râpées • 20 g de beurre pour les moules

Pour le glaçage
250 g de fromage frais (type Philadelphia) • 100 g de beurre doux • 150 g de sucre glace • 6 cl de sirop d'érable (facultatif) • 1 cuil. à café d'extrait de vanille liquide

Matériel
2 moules de 22 cm de diamètre • Papier sulfurisé

1\. Préchauffez le four à 160 °C (th. 5). Beurrez les moules et disposez dans le fond un cercle de papier sulfurisé.

2\. Concassez les noix de pécan. Dans un récipient, mélangez les poudres : la farine, la levure, le bicarbonate, le sel, la cannelle et la noix muscade puis creusez un puits. Dans un bol, battez les œufs avec le sucre et, une fois que le mélange est bien mousseux, versez l'huile en filet, sans cesser de battre. Versez ce mélange dans le puits des poudres. Mélangez jusqu'à ce que la pâte soit bien homogène. Ajoutez les carottes râpées et les noix de pécan concassées.

3\. Versez la moitié de la pâte dans un moule puis le reste dans le second. Enfournez pour 20 à 25 min, vérifiez la cuisson avec la pointe d'un couteau. Sortez les gâteaux du four et laissez-les complètement refroidir.

4\. Préparez le glaçage : battez le fromage frais avec le beurre jusqu'à ce que la consistance devienne mousseuse. Ajoutez le sucre tamisé, mélangez puis versez le sirop d'érable et l'extrait de vanille. Remuez bien.

5\. Coupez dans l'épaisseur chaque gâteau puis recouvrez-les d'une couche de glaçage. Empilez les tranches les unes sur les autres et recouvrez le dessus du gâteau de glaçage. Attendez que le glaçage durcisse puis dégustez.

FACILE

Pour **4** à **6** personnes
20 min de préparation
30 à **35** min de cuisson
Coût €

POPOVERS

120 g de farine • ½ cuil. à café de sel • 3 œufs • 30 g de beurre doux (à température ambiante) + 20 g pour le moule • 25 cl de lait

Pour badigeonner les popovers
30 g de beurre • 25 g de sucre en poudre • 1+½ cuil. à café de cannelle en poudre • 1 cuil. à café de noix muscade en poudre • 1 cuil. à café de clous de girofle moulus

Matériel
Moules à muffins

1 Préchauffez le moule à 200 °C (th. 6-7). Dans récipient, mélangez la farine avec le sel et creusez un puits au milieu, versez-y les œufs, le beurre très mou et le lait. Commencez par mélanger au milieu puis incorporez au fur et à mesure la farine. Continuez à remuer jusqu'à ce que le mélange devienne bien homogène.

2 Beurrez les moules et remplissez la moitié de chaque empreinte de pâte. Enfournez pour 30 à 35 min jusqu'à ce que les popovers soient bien dorés.

3 Faites fondre le beurre. Dans un bol, mélangez le sucre en poudre avec les épices. À la sortie du four, badigeonnez chaque gâteau de beurre puis roulez-les dans le mélange de sucre aux épices. Dégustez tiède ou froid.

CONSEIL
Dégustez avec du beurre et de la confiture.

FACILE

Pour **4** à **6** personnes
25 min de préparation
20 à **25** min de cuisson
Coût €

PAIN DE MAÏS AU MIEL

250 g de farine • 250 g de farine de maïs • 2 cuil. à soupe de levure chimique ou baking powder • 1 cuil. à café de bicarbonate de soude • 1 cuil. à café de sel • 4 gros œufs • 150 g de miel liquide • 150 g de beurre doux (à température ambiante) + un peu pour le moule • 25 cl de lait

Pour la finition
20 g de beurre • 20 g de miel

Matériel
Moule de 22 x 32 cm environ • Pinceau

1. Préchauffez le four à 210 °C (th. 7). Beurrez le moule.

2. Dans un large récipient, mélangez les deux farines, la levure, le bicarbonate et le sel. Creusez un puits et versez-y les œufs, le miel, le beurre très mou et le lait. Commencez par mélanger au milieu avec une spatule en bois puis incorporez progressivement la farine.

3. Une fois que le mélange est bien homogène, versez la pâte dans le moule beurré puis enfournez pour 20 à 25 min.

4. Faites fondre les 20 g de beurre et mélangez-le avec le miel. Badigeonnez le gâteau de ce mélange à l'aide d'un pinceau.

5. Laissez complètement le gâteau refroidir dans le moule puis coupez-le en parts avant de le déguster.

FACILE

Pour **4** à **6** personnes
15min de préparation
10 à **15** min de cuisson
Coût €

ŒUFS BROUILLÉS AU BACON

18 œufs • 8 à 12 tranches de bacon • 4 cl de crème liquide entière • 100 g de beurre • Sel et poivre

1. Faites chauffer une grande casserole d'eau pour le bain-marie. Émincez le bacon en lanières. Battez les œufs en omelette, salez et poivrez.

2. Dans une poêle chaude, sans matière grasse, faites dorer les tranches de bacon sur chaque face pendant 1 min.

3. Faites fondre 60 g de beurre dans un saladier au bain-marie puis ajoutez les œufs. Remuez sans cesse avec une spatule. Lorsque les œufs ont une consistance crémeuse, stoppez la cuisson en ajoutant le reste du beurre et la crème. Dégustez aussitôt avec le bacon.

CONSEIL

Vous pouvez accompagner les œufs brouillés de hash brows (voir recette p. 44).

FACILE

Pour **4** personnes
20 min de préparation
10 min de cuisson
Coût €

OMELETTE DE DENVER

2 oignons rouges • 1 petit poivron vert • 60 à 80 g de cheddar • 8 œufs • 150 g de jambon en dés • 2 cuil. à soupe d'huile d'olive • Sel et poivre

1. Pelez et émincez les oignons rouges. Coupez en deux le poivron et épépinez-le puis taillez chaque moitié en dés. Râpez le cheddar. Battez les œufs en omelette, salez et poivrez.

2. Faites chauffer l'huile dans une poêle et faites revenir les oignons et les dés de poivron pendant 5 min environ. Salez. Une fois que les légumes sont tendres, versez les œufs et les dés de jambon, remuez rapidement puis laissez cuire encore 5 min.

3. À la fin de la cuisson de l'omelette, parsemez de cheddar puis dégustez bien chaud.

FACILE

Pour **4** à **6** personnes
20 min de préparation
20 min de cuisson
Coût €

HASH BROWS

6 pommes de terre • 1 oignon • 1 œuf • 2 cuil. à soupe d'huile d'arachide • Sel et poivre

1. Pelez les pommes de terre et râpez-les dans un bol. Ajoutez l'oignon finement émincé puis l'œuf. Assaisonnez de sel et poivre, mélangez bien.

2. Faites chauffer de l'huile dans une petite poêle et ajoutez les pommes de terre en tassant bien afin d'obtenir une galette régulière. Faites dorer 10 min de chaque côté.

3. Vous pouvez réchauffer la galette au four juste avant de la déguster.

- FAIT MAISON -

SANDWICHS

FACILE

Pour **4** personnes
25 min de préparation
5 min de cuisson
Coût €

HAMBURGER AU BACON

4 pains à burgers au sésame maison (voir p. 14) ou du commerce • 1 grosse tomate • 4 cornichons Malossol • 4 tranches de bacon • 4 fines tranches de cheddar • 2 cuil. à soupe de ketchup maison (voir p. 21) ou du commerce • 2 cuil. à soupe de mayonnaise maison (voir p. 22) ou du commerce • 4 feuilles de salade • 1 cuil. à soupe d'huile de pépins de raisin

Pour les steaks
600 g de viande de bœuf hachée • 1 œuf • 2 cuil. à café de moutarde en grains • 2 cuil. à café de sauce Worcestershire • Sel et poivre du moulin

Mélangez la viande avec l'œuf, la moutarde et la sauce Worcestershire. Salez et poivrez puis formez 4 steaks épais.

Retirez le pédoncule de la tomate et coupez-la en rondelles. Taillez les cornichons en lamelles.

Dans une poêle chaude, faites dorer le bacon sans matière grasse puis réservez. Dans la même poêle, faites cuire les steaks 2 min sur chaque face avec un filet d'huile. Salez et poivrez puis déposez une tranche de cheddar sur chaque steak.

Mélangez dans un récipient le ketchup et la mayonnaise. Coupez les pains en deux et toastez-les puis tartinez-les du mélange ketchup-mayonnaise. Déposez sur la base 1 feuille de salade, 2 rondelles de tomate, 1 steak recouvert de cheddar, des lamelles de cornichon et 1 tranche de bacon. Refermez et dégustez aussitôt.

FACILE

Pour **4** personnes
15 min de préparation
2 min de cuisson
Coût €

BAGEL AU SAUMON ET CONCOMBRE

4 pains à bagels maison (voir p. 16) ou du commerce • 4 tranches de saumon fumé • 1 concombre • 150 g de fromage frais (type Philadelphia) • 10 brins de ciboulette • Poivre

1. Coupez les pains à bagels en deux dans l'épaisseur et faites-les toaster. Lavez le concombre et coupez-le finement en rondelles. Ciselez la ciboulette et mélangez-la avec le fromage frais ; poivrez.

2. Tartinez généreusement chaque face de pain avec le fromage frais puis déposez plusieurs rondelles de concombre et 1 tranche de saumon. Refermez les bagels avec l'autre partie de pain.

3. Coupez-les en deux et dégustez aussitôt.

CONSEIL

Si vous disposez d'une mandoline, utilisez-la pour tailler le concombre en fines rondelles.

FACILE

Pour **4** personnes
15 min de préparation
5 min de cuisson
Coût €

HOT-DOG DE NEW YORK

4 pains à hot-dogs maison (voir p. 14) ou du commerce • 4 saucisses Knacki • 1 oignon rouge • ½ pot de sauce sweet relish (magasin d'alimentation américaine) ou Piccalilli extra de Heinz • 4 cuil. à soupe de ketchup maison (voir p. 21) ou du commerce • 4 cuil. à soupe de moutarde

1. Faites cuire les saucisses dans de l'eau bouillante pendant 2 à 3 min. Pelez et émincez finement l'oignon rouge.

2. Coupez les pains en deux puis toastez-les légèrement sur la face intérieure. Déposez une saucisse et des lamelles d'oignon rouge sur chaque pain puis nappez de sauce.

3. Dégustez accompagné de ketchup et de moutarde.

FACILE

Pour **4** personnes
20 min de préparation
Coût €

SUBWAY SANDWICH

2 cuil. à soupe de ketchup maison (voir p. 21) ou du commerce • 4 cuil. à soupe de mayonnaise maison (voir p. 22) ou du commerce • ½ cœur de laitue • 2 tomates • 2 baguettes • 4 tranches de dinde • 4 fines tranches de rôti de porc • 4 fines tranches de rôti de veau • 4 tranches de cheddar

1. Mélangez le ketchup avec la mayonnaise. Lavez et émincez grossièrement la salade. Retirez le pédoncule des tomates puis coupez-les en rondelles.

2. Coupez les baguettes en deux et tartinez-les du mélange ketchup-mayonnaise, déposez par-dessus un peu de salade, des rondelles de tomate puis 1 tranche de chaque viande et terminez par 1 tranche de cheddar.

3. Refermez et dégustez aussitôt.

FACILE

Pour **4** personnes
25 min de préparation
5 min de cuisson
Coût €

BLT (Bacon, Laitue, Tomate)

2 grosses tomates • 1 cœur de laitue • 5 cuil. à soupe de mayonnaise maison (voir p. 22) ou du commerce • 8 tranches de lard • 12 tranches de pain de mie

Matériel
8 piques en bois

1. Lavez les tomates, retirez le pédoncule et coupez-les en rondelles. Lavez et hachez la salade en lanières. Mélangez-la avec 1 grosse cuillerée à soupe de mayonnaise.

2. Dans une poêle chaude, faites dorer les tranches de lard et déposez-les ensuite sur une feuille de papier absorbant.

3. Toastez les tranches de pain de mie ; une fois refroidies, tartinez-les d'une fine couche de mayonnaise sur une face uniquement.

4. Disposez sur 8 tranches de pain côté mayonnaise un peu de salade, 1 à 2 rondelles de tomate et 1 tranche de lard.

5. Superposez les tranches de pain garnies deux par deux et refermez avec une tranche de pain mie tartinée de mayonnaise.

6. Enfoncez les piques dans les clubs sandwichs puis coupez-les en deux dans la diagonale pour obtenir deux triangles. Dégustez aussitôt.

FACILE

Pour **4** personnes
15 min de préparation
Coût €

PEANUT BUTTER & JELLY SANDWICH

8 tranches de pain de mie • 4 cuil. à soupe de beurre de cacahuètes • 4 cuil. à soupe de gelée de groseille

1. Faites toaster les tranches de pain de mie.

2. Tartinez la moitié des tranches de beurre de cacahuètes et l'autre moitié de gelée à la groseille.

3. Refermez les sandwichs en deux en prenant une tranche de chaque parfum puis coupez-les en deux dans la diagonale pour obtenir des triangles. Dégustez aussitôt.

VARIANTE

Vous pouvez varier les plaisirs en prenant une gelée à la framboise par exemple et un beurre de cacahuète crunchy pour plus de croustillant.

FACILE

Pour **4** personnes
25 min de préparation
18 h de repos environ
Coût €

MUFFULETTA

Pour la marinade
150 g de mélange d'olives vertes et noires dénoyautées • 50 g d'olives farcies au piment rouge • 1 branche de céleri • 50 g de carottes • 4 gousses d'ail • 2 oignons nouveaux • ½ bouquet de persil • 2 brins d'origan frais • 2 cuil. à soupe de câpres • 3 cuil. à soupe de jus de citron • 200 g d'huile d'olive vierge • 6 cuil. à soupe de vinaigre de vin rouge • 2 cuil. à soupe de vinaigre balsamique • 1 cuil. à café de grains de poivre noir

Pour la garniture
4 pains (type ciabatta ou bagnat) • 8 tranches fines de salami • 8 tranches fines de mortadelle • 8 tranches fines de fromage provolone

Matériel
Film alimentaire

Hachez grossièrement les olives. Lavez et coupez en fines rondelles la branche de céleri. Pelez et râpez les carottes. Pelez et hachez les gousses d'ail. Émincez les oignons nouveaux. Ciselez le persil plat et l'origan.

Dans un plat creux, faites mariner tous ces ingrédients pendant 12 h avec les câpres, le jus de citron, l'huile d'olive, les deux vinaigres et les grains de poivre.

Coupez les pains en deux puis badigeonnez l'intérieur avec l'huile parfumée de la marinade. Recouvrez chaque face avec le mélange préalablement égoutté des petits légumes marinés et déposez par-dessus 2 tranches de salami, 2 de mortadelle et 2 tranches de provolone.

Refermez bien les sandwichs en les pressant légèrement puis entourez-les de film alimentaire en serrant bien. Placez au frais environ 5 à 6 h avant de déguster.

FACILE

Pour **4** personnes
25 min de préparation
25 min de cuisson
Coût €

SLOPPY JOE

4 pains à burgers maison (voir p. 14) ou du commerce • 1 oignon • 2 gousses d'ail • 1 petit poivron rouge • 600 g de bœuf haché • 1 cuil. à soupe de poudre de chili • 1 cuil. à café de moutarde • 1 cuil. à soupe de concentré de tomates • 2 cuil. à soupe de cassonade • 25 cl de bouillon de poulet • 2 cuil. à soupe de vinaigre balsamique blanc • 1 cuil. à soupe de sauce Worcestershire • 80 g de fromage cheddar râpé • 2 cuil. à soupe d'huile d'olive • Sel et poivre

1. Pelez et hachez l'oignon et les gousses d'ail. Coupez en deux le poivron, épépinez-le puis taillez-le en petits dés.

2. Dans une poêle chaude, faites cuire l'oignon et les dés de poivron dans l'huile d'olive. Une fois que l'oignon devient translucide, ajoutez la viande de bœuf et faites dorer pendant 3 à 4 min à feu vif.

3. Ajoutez ensuite l'ail, la poudre de chili, la moutarde, le concentré de tomates, le sucre cassonade puis mélangez bien. Versez le bouillon, le vinaigre balsamique et la sauce Worcestershire, remuez et couvrez. Poursuivez la cuisson à feu doux pendant 15 min.

4. Rectifiez l'assaisonnement. Toastez les pains à burgers puis garnissez-les de viande et de cheddar râpé. Dégustez aussitôt.

ASTUCE

Si vous aimez les plats épicés, vous pouvez ajouter de la sauce chili pendant la cuisson de la viande.

FACILE

Pour **4** personnes
30 min de préparation
Coût €€€

LOBSTER ROLL

4 pains à hot dogs maison (voir p. 14) ou du commerce • 2 homards cuits (la chair) • 250 g de céleri-rave • 1 brin d'estragon • 1 cuil. à café de câpres • ½ gousse d'ail • 200 g de mayonnaise maison (voir p. 22) ou du commerce • 1 cuil. à soupe de jus de citron frais • 1 cuil. à café de moutarde forte • Quelques gouttes de Tabasco (facultatif) • Sel et poivre du moulin

Coupez la chair des homards en morceaux. Râpez le céleri. Ciselez les feuilles du brin d'estragon. Hachez les câpres et la demi-gousse d'ail.

Dans un récipient, mélangez la mayonnaise avec le jus de citron, la moutarde, le Tabasco, l'estragon, l'ail et les câpres puis ajoutez les autres ingrédients. Mélangez délicatement pour enrober tous les ingrédients de mayonnaise.

Ouvrez les pains en deux puis garnissez-les de rémoulade au homard. Dégustez aussitôt.

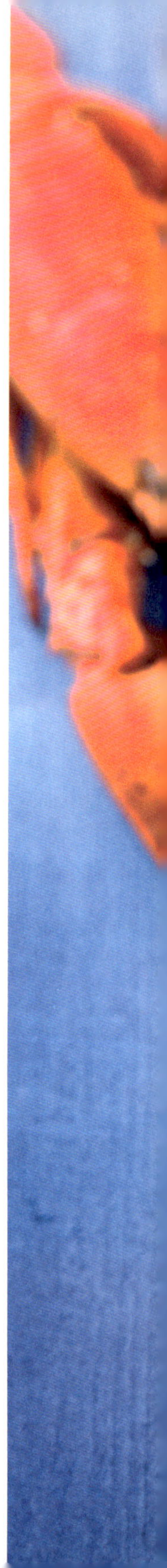

- FAIT MAISON -

ENTRÉES, SALADES & SOUPES

FACILE

Pour **4** personnes
30 min de préparation
5 min de cuisson environ
Coût €

CRAB CAKES

400 g de chair de crabe • 100 g de pain de mie sans croûte • 25 cl de lait • 1 citron • 1 oignon nouveau • ½ carotte • ¼ de botte de persil plat • 1 cuil. à café de Tabasco • 1 cuil. à café de raifort • 2 œufs • 2 cuil. à soupe d'huile d'olive (pour la cuisson) • Sel et poivre du moulin

Pour l'accompagnement
400 g de mesclun • 6 cuil. à soupe d'huile d'olive • 2 cuil. à soupe de vinaigre balsamique

1 Faites tremper le pain de mie dans le lait. Récupérez le jus et les zestes du citron. Lavez et émincez finement l'oignon. Pelez et râpez finement la carotte. Lavez, séchez et ciselez le persil plat. Dans un récipient, mélangez le pain de mie bien essoré avec la chair de crabe, le jus et les zestes du citron, l'oignon, la carotte, le persil, le Tabasco, le raifort et les œufs. Salez et poivrez.

2 Formez des petites galettes et faites-les cuire dans une poêle bien chaude, avec de l'huile d'olive, 2 à 3 min sur chaque face.

3 Émulsionnez au fouet l'huile d'olive et le vinaigre balsamique puis arrosez la salade de cette vinaigrette.

4 Dégustez les galettes accompagnées du mesclun.

ASTUCE
Si vous souhaitez obtenir des galettes parfaitement rondes, disposez des cercles en Inox dans le fond de votre poêle. Versez un peu de pâte à crab cake à l'intérieur puis démoulez après 3 min de cuisson sur une face et faites cuire l'autre face sans cercle.

FACILE

Pour **4** personnes
25 min de préparation
15 à **20** min de cuisson
Coût €

SALADE COBB

3 œufs • 6 tranches de lard • 3 filets de poulet • 100 g de roquefort • 2 tomates • 2 oignons nouveaux • 1 avocat • ½ citron • 1 laitue iceberg

Pour la sauce
1 gousse d'ail • 3 cl de vinaigre de vin • 1 cuil. à café de sauce Worcestershire • 1 cuil. à café de moutarde • 4 cl d'huile d'olive • Sel et poivre du moulin

1. Faites cuire les œufs dans de l'eau bouillante pendant 9 min puis faites-les refroidir dans la casserole remplie d'eau froide.

2. Dans une poêle chaude, faites griller les tranches de lard à sec. Sortez-les de la poêle et égouttez-les sur une feuille de papier absorbant. Dans la même poêle, faites dorer les filets de poulet sur chaque face pendant 5 min environ. Coupez les tranches de lard et le poulet en lanières.

3. Découpez le roquefort en dés. Retirez le pédoncule des tomates et coupez-les en rondelles. Émincez les oignons. Pelez et coupez l'avocat en lamelles ou en dés et citronnez-le avec le jus du demi-citron. Lavez et taillez en larges bandes la salade. Écalez les œufs durs.

4. Pelez et hachez la gousse d'ail. Dans un petit récipient, mélangez l'ail avec tous les ingrédients de la sauce et émulsionnez avec un fouet.

5. Dans 4 assiettes, répartissez tous les ingrédients et versez par-dessus un filet de sauce vinaigrette. Dégustez aussitôt.

FACILE

Pour **4** personnes
25 min de préparation
5 à **10** min de cuisson
Coût €

SALADE CÆSAR

60 g de parmesan • 1 salade romaine • 3 tranches de pain sans la croûte • 2 filets de poulet • ½ citron • 1 verre d'huile d'olive • Sel et poivre

Pour la sauce
1 gousse d'ail • 1 jaune d'œuf • 1 cuil. à café de moutarde Colman's (ou Savora) • 2 cuil. à soupe d'huile d'olive • 1 cuil. à soupe de vinaigre blanc • 1 cuil. à café de sauce Worcesterhire

Râpez la moitié du parmesan et taillez le reste en copeaux à l'aide d'un économe.

Préparez la sauce : pelez et hachez la gousse d'ail. Dans un récipient, mélangez au fouet le jaune d'œuf, la moutarde et l'ail. Versez un petit filet d'huile d'olive et commencez à monter la sauce en mayonnaise. Incorporez progressivement l'huile d'olive sans cesser de fouetter. Une fois que la mayonnaise a une consistance bien ferme, versez le vinaigre blanc et la sauce Worcestershire. Ajoutez le parmesan râpé et mélangez bien. Mettez de côté.

Lavez et coupez la base de la salade puis taillez-la en tronçons d'environ 4 cm puis coupez chaque tronçon en quatre.

Coupez les tranches de pain en dés et faites-les dorer dans une poêle chaude avec 1 cuil. à soupe d'huile d'olive. Débarrassez sur du papier absorbant. Coupez les filets de poulet en lanières et faites-les revenir dans la poêle chaude avec un peu d'huile d'olive. Une fois que le poulet est bien doré, pressez par-dessus le jus du demi-citron. Salez, poivrez et remuez.

Disposez dans chaque assiette de la salade, quelques croûtons de pain, des lanières de poulet. Nappez de sauce et ajoutez quelques copeaux de parmesan. Dégustez aussitôt.

FACILE

Pour **4** personnes
20 min de préparation
1 h **30** de réfrigération
Coût €

CRAB LOUIS

½ oignon • ¼ de botte de persil plat • 120 g de mayonnaise maison (voir p. 22) ou du commerce • 2 cuil. à soupe de sauce chili • 1 à 2 pincées de piment de Cayenne (en fonction du goût) • 2 cuil. à soupe de crème fraîche • 250 g de chair de crabe fraîche • 12 crackers salés (ou des tranches de pain)

1. Pelez et hachez très finement l'oignon. Ciselez le persil plat.

2. Dans un récipient, mélangez la mayonnaise avec la sauce chili, l'oignon, le persil, le piment et la crème. Ajoutez ensuite la chair de crabe et remuez délicatement.

3. Placez au frais 1 h 30 environ.

4. Dégustez frais avec les crackers.

FACILE

Pour **4** à **6** personnes
25 min de préparation
10 min de cuisson
Coût €

CHEF SALAD

2 œufs • 2 oignons nouveaux • 1 branche de céleri • 180 g de tomates cerise • 70 g de comté • 70 g de cheddar • 1 cœur de laitue • 4 tranches de bacon • 150 g de dés de jambon • 150 g de dés de dinde • Sel et poivre du moulin

Pour la vinaigrette
6 cuil. à soupe d'huile d'olive • 3 cuil. à soupe de vinaigre balsamique • 1 cuil. à café de moutarde forte

1 Faites cuire les œufs pendant 9 min dans de l'eau bouillante. Passez-les ensuite sous l'eau froide puis retirez la coquille et coupez-les en quatre. Lavez et coupez en fines rondelles les oignons et la branche de céleri. Coupez en deux les tomates cerise. Taillez les fromages en fins bâtonnets. Lavez et émincez la salade en lanières.

2 Faites dorer sur chaque face les tranches de bacon à sec dans une poêle chaude. Coupez-les en lanières.

3 Émulsionnez tous les ingrédients de la vinaigrette au fouet. Disposez un peu de chaque ingrédient dans chaque assiette, versez par-dessus un filet de vinaigrette et dégustez.

FACILE

Pour **4** personnes
30 min de préparation
Coût €

WALDORF SALAD

100 g de noix • 2 branches de céleri • 1 cœur de laitue romaine • 2 pommes vertes • 1 pomme rouge • 2 cuil. à soupe de mayonnaise maison (voir p. 22) ou du commerce • ½ citron • Sel et poivre du moulin

1. Concassez grossièrement les noix. Lavez et coupez le céleri en tronçons d'environ 5 cm puis taillez-les ensuite en bâtonnets. Émincez la salade en bandes. Lavez et coupez des rondelles de pomme tout autour du cœur puis taillez-les en bâtonnets.

2. Dans un récipient, mélangez les bâtonnets de pommes et de céleri avec la mayonnaise et le jus du demi-citron.

3. Disposez dans les assiettes un peu de salade, surmontez du mélange pomme-céleri puis parsemez de noix concassées. Dégustez aussitôt.

FACILE

Pour **4** à **6** personnes
15 min de préparation
10 min de cuisson
Coût €

SOUPE DE MAÏS, POULET AUX ÉPICES

3 blancs de poulet • 3 cuil. à soupe d'huile d'olive • 2 cuil. à café de curry • 1 cuil. à café de paprika • 2 oignons nouveaux • Sel et poivre du moulin

Pour la crème de maïs
500 g de maïs doux • 1 oignon • ½ cube de bouillon de volaille bio + 30 cl d'eau • 10 cl de lait • 5 cl de crème fraîche liquide • 2 cuil. à soupe d'huile d'olive • 1 pincée de sel

Matériel
Blender

1 Coupez en lanières les blancs de poulet. Dans un saladier, versez l'huile d'olive et les épices puis ajoutez les lanières de poulet. Salez, poivrez et mélangez bien. Placez au frais le temps de préparer la crème de maïs.

2 Préparez la crème de maïs. Égouttez le maïs. Pelez et émincez l'oignon. Dans une cocotte, faites suer l'oignon avec le sel dans l'huile d'olive. Une fois qu'il est devenu translucide, ajoutez le maïs puis versez le bouillon, le lait et la crème. Couvrez, portez à ébullition puis baissez sur feu doux et laissez cuire pendant 5 min.

3 Égouttez grossièrement le maïs, mixez-le finement et versez au fur et à mesure le bouillon de cuisson afin d'ajuster au mieux l'onctuosité. Rectifiez si besoin l'assaisonnement.

4 Émincez en rondelles la partie verte des oignons nouveaux. Mettez de côté.

5 Dans une poêle chaude, faites revenir les lanières de poulet marinées jusqu'à ce qu'elles soient bien dorées.

6 Dégustez la soupe chaude avec le poulet et décorez avec les oignons nouveaux émincés.

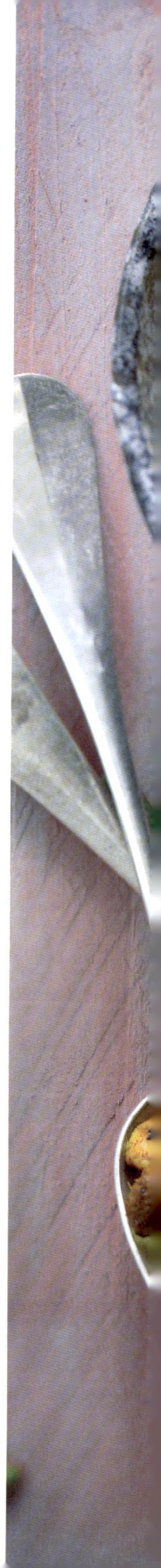

FACILE

Pour **4** à **6** personnes
25 min de préparation
30 min de cuisson
Coût €€

SOUPE DE COQUES

1 orange non traitée • 1 oignon • 1 gousse d'ail • 1 branche de céleri • 4 pommes de terre • 2 pincées de pistils de safran • 20 cl de crème liquide • 4 brins de persil plat • 25 g de beurre • Sel et poivre du moulin

Pour les coques
600 g de coques • 1 échalote • 2 cubes de bouillon de légumes bio + 80 cl d'eau • 2 cuil. à soupe d'huile d'olive • 1 pincée de sel

1. Préparez les coques : faites-les dégorger dans de l'eau froide en les brassant régulièrement. Pelez et émincez l'échalote. Dans une grande casserole, faites suer l'échalote dans l'huile d'olive avec le sel. Une fois qu'elle est devenue translucide, versez 2 verres d'eau froide puis ajoutez les coques. Couvrez et faites cuire pendant 3 min à feu vif le temps que toutes les coques s'ouvrent. Filtrez le jus de cuisson, faites-le réduire de moitié et mélangez-le au bouillon de légumes. Mettez de côté les coques.

2. Lavez l'orange et récupérez la moitié des zestes avec une râpe puis pressez-la pour récupérer le jus dans un petit bol. Épluchez et émincez l'oignon et la gousse d'ail. Pelez et coupez en cubes la branche de céleri et les pommes de terre.

3. Dans une cocotte, faites suer l'oignon dans le beurre avec 1 pincée de sel. Une fois qu'il est devenu translucide, ajoutez l'ail, les zestes d'orange et le céleri, remuez pendant 2 min. Versez le bouillon puis ajoutez les pommes de terre, le safran et faites cuire pendant 20 min. Une fois que les pommes de terre sont tendres, versez la crème, le jus d'orange puis les coques et poursuivez la cuisson à feu doux pendant 2 à 3 min.

4. Rectifiez l'assaisonnement et dégustez la soupe chaude, décorée de feuilles de persil plat.

FACILE

Pour **4** à **6** personnes
20 min de préparation
30 min de cuisson
Coût €

SOUPE DE POTIMARRON AU CHEDDAR

1 potimarron • 1 oignon • 1 cube de bouillon de volaille bio+ 1,5 l d'eau • 100 g de cheddar blanc • 2 cuil. à soupe d'huile d'olive • Sel et poivre du moulin

Matériel
Blender • Écumoire

1 Pelez le potimarron, retirez les graines à l'intérieur et coupez-le en cubes. Épluchez et émincez l'oignon.

2 Dans une cocotte, faites suer l'oignon dans l'huile d'olive avec 1 pincée de sel. Une fois qu'il devient translucide, ajoutez les cubes de potimarron, poursuivez la cuisson pendant 5 min en remuant régulièrement. Versez ensuite le bouillon, couvrez et portez à ébullition puis baissez à feu doux. Laissez cuire pendant 25 min jusqu'à ce que les légumes soient tendres. Égouttez rapidement les cubes de potimarron avec une écumoire tout en gardant le bouillon de cuisson de côté.

3 Mixez finement en versant petit à petit le bouillon jusqu'à l'obtention d'une consistance onctueuse.

4 Taillez de fines lamelles de cheddar à l'aide d'un économe. Déposez dans chaque assiette des lamelles de fromage et versez par-dessus la soupe de potimarron. Dégustez chaud.

FACILE

Pour **6** personnes
25 min de préparation
45 min de cuisson
Coût €

SOUPE DE POIS CASSÉS, CHIPS DE CHORIZO

350 g de pois cassés • 12 grandes tranches fines de chorizo • 1 poireau • 1 carotte • 2,5 cubes de bouillon de légumes bio + 2 l d'eau • 2 cuil. à soupe de crème épaisse • 2 cuil. à soupe d'huile d'olive • Sel et poivre du moulin

Matériel
Blender • Papier sulfurisé

1. Lavez et coupez le vert du poireau puis émincez uniquement la partie blanche. Pelez et coupez en rondelles la carotte.

2. Dans une cocotte, faites suer le poireau dans l'huile d'olive avec une belle pincée de sel. Une fois qu'il est translucide, ajoutez les carottes et poursuivez la cuisson pendant 5 min en remuant régulièrement. Versez le bouillon et les pois cassés. Portez à ébullition, puis faites mijoter pendant 30 min à couvert.

3. Mixez finement les pois cassés avec la crème épaisse et ajustez l'onctuosité avec le bouillon de cuisson. Rectifiez l'assaisonnement si nécessaire et gardez au chaud.

4. Préchauffez le four à 180 °C (th. 6). Déposez les tranches de chorizo les unes à côté des autres sur une plaque allant au four tapissée de papier sulfurisé. Enfournez 7 à 8 min pour les faire dorer.

5. Dégustez la soupe chaude accompagnée de chips de chorizo.

UN PEU DIFFICILE

Pour **4** à **6** personnes
20 min de préparation
1 h **45** de cuisson
30 min de réfrigération
Coût €

SOUPE HAÏTIENNE

1 courge giraumon d'environ 1,3 kg (ou 1 potiron) • 2 pommes de terre • 2 carottes • 2 navets • 1 blanc de poireau • 10 feuilles de chou blanc • 3 branches de céleri • 2 cubes de bouillon de volaille bio + 1 l d'eau • 1 piment vert • 3 oignons nouveaux • Huile d'olive

Pour la viande marinée
500 g de viande de bœuf (surlonge) • 2 citrons verts • 3 gousses d'ail • 1 bouquet de persil plat • 1 branche de thym frais • 2 cuil. à soupe d'huile neutre • Sel et poivre du moulin

Matériel
Mixeur • Film alimentaire

Taillez la viande en cubes. Faites mariner la viande dans un plat avec le jus des citrons verts, les gousses d'ail pelées et hachées, le bouquet de persil plat ciselé et la branche de thym frais. Couvrez de film alimentaire et placez au frais pendant 30 min.

Épluchez et coupez la courge en deux puis retirez les graines à l'intérieur. Coupez ensuite la courge en cubes et faites-la cuire dans de l'eau bouillante salée pendant 30 min. Égouttez-la puis mixez-la ; mettez de côté.

Pelez et coupez en petits dés les pommes de terre, les carottes et les navets. Émincez le blanc de poireau, les feuilles de chou et les branches de céleri.

Retirez la branche de thym de la viande. Dans une cocotte, faites dorer le bœuf mariné à feu vif dans de l'huile d'olive. Une fois qu'il est coloré, ajoutez les carottes, les navets, le poireau, le chou, le céleri et poursuivez la cuisson pendant 10 min à feu moyen en remuant régulièrement. Versez ensuite le bouillon et la purée de giraumon, poursuivez la cuisson 25 min.

Coupez en deux le piment et retirez les graines puis émincez-le. Ajoutez en dernier les pommes de terre et le piment vert, faites cuire 10 min environ le temps que les pommes de terre soient tendres.

Émincez les oignons. Dégustez la soupe chaude parsemée d'oignons nouveaux.

FACILE

Pour **4** à **6** personnes
30 min de préparation
35 min de cuisson
Coût €

SOUPE DE BUTTERNUT, EFFILOCHÉ DE CANARD

1 courge butternut • 2 échalotes • 1 cube de bouillon de volaille bio + 1.5 l d'eau • 1 gousse d'ail • 2 cuisses de canard confit • 3 cuil. à soupe de crème épaisse • 2 cuil. à soupe d'huile d'olive • Sel et poivre du moulin

Matériel
Blender • Écumoire

1. Épluchez, videz et coupez en cubes la courge. Pelez et émincez les échalotes. Dans une cocotte, faites suer les échalotes avec une pincée de sel dans l'huile d'olive. Une fois qu'elles sont translucides, ajoutez les cubes de courge, remuez et laissez cuire à feu moyen pendant 5 min. Versez le bouillon (il doit recouvrir les légumes ; si nécessaire, ajoutez de l'eau). Couvrez et portez à ébullition puis laissez cuire à feu doux pendant 25 min environ. La courge doit être tendre.

2. Pendant ce temps, pelez puis écrasez la gousse d'ail. Dégraissez, désossez et retirez la peau des cuisses de canard puis effilochez la chair. Dans une poêle, faites fondre un peu de graisse de canard, ajoutez la gousse d'ail et le canard effiloché. Faites-le revenir sur feu vif pendant 5 min, la chair doit être dorée et légèrement croustillante.

3. Égouttez rapidement les cubes de courge avec une écumoire tout en gardant le bouillon de cuisson de côté. Mixez la courge finement avec la crème et versez petit à petit le bouillon jusqu'à l'obtention d'une belle consistance veloutée.

4. Dégustez le velouté chaud parsemé de canard croustillant.

Only

FACILE

Pour **4** personnes
35 min de préparation
8-10 min de cuisson
Facile

BUFFALO CHICKEN WINGS

24 ailes de poulet • 1 l d'huile végétale • 50 g de beurre • 12,5 cl de ketchup maison (voir p. 21) ou du commerce • Quelques gouttes de Tabasco • 2 cuil. à café de vinaigre blanc • 3 carottes • 3 branches de céleri • 1 petit pot de fromage blanc • 50 g de roquefort • Sel et poivre du moulin

Matériel
Écumoire

1 Coupez en deux parties à la jointure les ailes de poulet. Faites chauffer l'huile dans une grande casserole et plongez-y les ailes de poulet pendant 8 à10 min le temps qu'elles soient bien dorées. Égouttez-les avec une écumoire puis déposez-les sur des feuilles de papier absorbant.

2 Dans une large poêle, faites fondre le beurre puis versez le ketchup, quelques gouttes de Tabasco en fonction de votre goût et le vinaigre blanc. Ajoutez les ailes de poulet frites, remuez bien et laissez tiédir.

3 Pelez et coupez en bâtonnets les carottes et les branches de céleri. Dans un petit récipient, mélangez avec une fourchette le fromage blanc avec le roquefort en prenant soin de bien l'écraser. Salez légèrement et poivrez. Dégustez aussitôt.

CONSEIL
Servez les Buffalo chicken wings accompagnés de bâtonnets de légumes et de sauce au roquefort.

FACILE

Pour **4** personnes
20 min de préparation
2 min de cuisson
Coût €

COLESLAW

¼ de chou blanc • 2 carottes • 2 cuil. à soupe de pignons de pin • 2 cuil. à soupe de yaourt nature onctueux • 3 cuil. à soupe de mayonnaise maison (voir p. 22) ou du commerce • 1 cuil. à soupe de vinaigre de cidre • 2 cuil. à soupe de raisins secs • Sel et poivre

1. Hachez le chou au robot ou avec un couteau bien affûté. Pelez et râpez les carottes. Faites griller les pignons dans une poêle.

2. Préparez la sauce dans un bol en mélangeant le yaourt, la mayonnaise et le vinaigre de cidre.

3. Salez, poivrez et versez sur les crudités.

4. Ajoutez les raisins secs et les pignons grillés. Mélangez bien.

5. Dégustez frais.

op
from

FACILE

Pour **4** personnes
35 min de préparation
20 à **25** min de cuisson
Coût €

SALADE DE RIZ AUX TROIS HARICOTS

250 g de riz long grain • 2 carottes • 300 g de haricots verts extra-fins • 1 boîte de haricots rouges au naturel • 1 boîte de haricots blancs au naturel • 2 tomates • 1 poivron rouge • 1 oignon rouge • 1 gousse d'ail • 1 cuil. à soupe de moutarde à l'ancienne • 2 cuil. à soupe de vinaigre de vin rouge • 6 cuil. à soupe d'huile de pépins de raisin • 80 g de dés de cheddar • Gros sel • Sel et poivre du moulin

Faites cuire le riz dans un grand volume d'eau salée le temps indiqué sur l'emballage puis égouttez-le et laissez-le refroidir dans un grand saladier.

Pelez et coupez les carottes en petits dés. Équeutez et taillez les haricots verts en tronçons de 2,5 cm environ. Faites cuire les carottes 5 min dans de l'eau bouillante salée puis ajoutez les haricots verts et poursuivez la cuisson pendant 5 min. Une fois que les légumes sont tendres, égouttez-les et rafraîchissez-les sous l'eau froide. Mélangez les légumes avec le riz refroidi.

Égouttez les deux sortes de haricots et rincez-les sous l'eau froide, égouttez bien à nouveau et transvasez dans le saladier avec les autres ingrédients.

Lavez et retirez le pédoncule des tomates et taillez-les en dés. Coupez en deux le poivron et épépinez-le, réalisez ensuite des dés. Pelez et émincez l'oignon rouge. Réunissez tous ces ingrédients dans le saladier contenant le riz.

Pelez et hachez finement l'ail. Dans un petit bol, mélangez le vinaigre avec la moutarde et émulsionnez avec l'huile ; ajoutez l'ail et remuez bien.

Versez la vinaigrette sur le riz et vérifiez l'assaisonnement. Ajoutez les dés de cheddar et mélangez délicatement. Dégustez froid.

ASTUCE
Vous pouvez accompagner cette salade avec des chips tortillas.

- FAIT MAISON -

PLATS

FACILE

Pour **4** à **6** personnes
20 min de préparation
20 min de cuisson
Coût €

FRENCH FRIES

1 kg de pommes de terre à chair farineuse (type bintje) • 2 l d'huile de friture (type huile de pépins de raisin) • Sel

1. Pelez et coupez les pommes de terre en forme de frites d'une épaisseur de 1 cm environ. Rincez-les sous l'eau froide pour retirer le maximum d'amidon. Séchez les frites dans un torchon propre.

2. Faites chauffer l'huile à 150 °C dans une friteuse. Plongez la moitié des frites pendant 5 min puis égouttez-les et déposez-les sur des feuilles de papier absorbant. Répétez la même opération avec l'autre moitié des frites. Augmentez la température de l'huile à 180 °C et replongez la première moitié pendant 3 à 4 min. Égouttez-les bien puis déposez-les une nouvelle fois sur des feuilles de papier absorbant. Salez ces frites. Répétez la même opération avec l'autre moitié.

3. Dégustez les frites chaudes accompagnées de ketchup maison (voir p. 21).

FACILE

Pour **4** à **6** personnes
35 min de préparation
1 h de cuisson
Coût €

PAIN DE VIANDE

450 g de bœuf haché • 150 g d'échine de porc hachée • 150 g de veau haché • 2 oignons • 2 gousses d'ail • 2 carottes • 1 branche de céleri • 1 bouquet de persil plat • 2 œufs entiers • 80 g de flocons d'avoine • 10 cl de lait • 2 cuil. à soupe de sauce Worcestershire • 4 cuil. à soupe de ketchup maison (voir p. 21) ou du commerce • 2 cuil. à soupe d'huile d'olive • Sel et poivre du moulin

Pour caraméliser le pain de viande
2 cuil. à soupe de moutarde • 4 cuil. à soupe de ketchup

Matériel
Moule à cake • Papier sulfurisé

1. Préchauffez le four à 180 °C (th. 6). Pelez et hachez les oignons et les gousses d'ail. Pelez et coupez en petits dés les carottes et la branche de céleri. Lavez et hachez le persil.

2. Dans une poêle chaude, faites revenir dans l'huile d'olive les oignons, les carottes et les dés de céleri pendant 3 à 4 min. Salez et poivrez. Ajoutez à la fin l'ail puis coupez le feu.

3. Dans un grand récipient, mélangez toutes les viandes avec le persil haché, les œufs, les flocons d'avoine, le lait, la sauce Worcestershire, le ketchup et le mélange de légumes cuits. Salez, poivrez et mélangez bien.

4. Chemisez le moule de papier sulfurisé et remplissez-le de la préparation. Enfournez pour 40 min de cuisson.

5. Mélangez, dans un bol, la moutarde et le ketchup. Étalez ce mélange sur le pain de viande, remettez-le au four et laissez cuire encore 15 min pour le caraméliser.

6. Coupez le pain de viande en tranches de 2 cm d'épaisseur et dégustez chaud.

FACILE

Pour **4** personnes
40 min de préparation
40 à **45** min de cuisson
Coût €

BUTTE PASTY

2 rouleaux de pâte brisée • 500 g de filets de poulet • 4 carottes • 2 pommes de terre • 1 branche de céleri • 1 oignon • 2 gousses d'ail • 8 cl de vinaigre de vin rouge • 10 cl de bière • 25 cl de bouillon de légumes • 1 petite boîte de maïs • 1 branche de thym • 1 cuil. à soupe de sucre cassonade • 5 brins de persil plat • 2 cuil. à soupe de sauce barbecue • 1 œuf • 2 cuil. à soupe d'huile d'olive

Coupez en petits dés les filets de poulet. Pelez les carottes, les pommes de terre, la branche de céleri, l'oignon et les gousses d'ail. Coupez en petits dés les légumes, hachez les oignons et l'ail. Dans une poêle chaude, faites revenir les légumes avec de l'huile d'olive pendant 3 à 4 min, salez et ajoutez l'ail à la fin de la cuisson. Réservez les légumes.

Dans la même poêle, faites dorer les dés de poulet, ajoutez si nécessaire un filet d'huile d'olive. Salez et poivrez. Versez le vinaigre de vin rouge, la bière, le bouillon de légumes, les pommes de terre, le maïs, la branche de thym, le sucre et les légumes poêlés mis de côté. Couvrez et faites mijoter pendant 25 min, la sauce doit épaissir. Si elle reste trop liquide, retirez le couvercle et faites évaporer le liquide sur feu moyen. Retirez la branche de thym puis ajoutez, en fin de cuisson, le persil préalablement haché et la sauce barbecue. Remuez bien et laissez refroidir.

Préchauffez le four à 180 °C (th. 6). Cassez l'œuf, versez le blanc dans un petit récipient et le jaune dans un autre. Découpez, à l'aide d'un bol, 4 disques de pâte brisée. Déposez sur la moitié de chacun d'entre eux un peu de farce, badigeonnez de blanc battu la moitié du contour des cercles de pâte puis refermez-les en deux comme des chaussons. Scellez les bords en pressant avec les dents d'une fourchette puis badigeonnez le dessus de la pâte avec le jaune d'œuf préalablement battu dans un peu d'eau. Enfournez pendant 10 à 12 min.

Dégustez chaud.

ASTUCE

Gardez les chutes de pâte pour réaliser une des recettes de tarte du livre.

FACILE

Pour **4** personnes
20 min de préparation
5 min de cuisson
Coût €

NUGGETS DE POULET

600 g de filets de poulet • 1 oignon • 1 œuf • 80 g de chapelure • 50 cl d'huile de friture • Sel et poivre du moulin

Pour servir
4 cuil. à soupe de ketchup maison (voir p. 21) ou du commerce

Matériel
Mixeur • Écumoire

1. Coupez les filets de poulet en gros cubes. Pelez et coupez grossièrement l'oignon. Placez dans le bol du mixeur le poulet, l'œuf, l'oignon, 30 g de chapelure, du sel et du poivre puis mixez sans chauffer la farce.

2. Réalisez des boulettes de viande et aplatissez-les. Roulez-les ensuite dans le reste de chapelure.

3. Faites chauffer l'huile dans une grande casserole puis plongez les nuggets de poulet jusqu'à ce qu'ils soient bien dorés. Égouttez-les à l'aide de l'écumoire puis déposez-les sur du papier absorbant.

4. Dégustez les nuggets bien chauds accompagnés de ketchup.

FACILE

Pour **6** personnes
30 min de préparation
1 h de cuisson
Coût €

CHILI CON CARNE

500 g de bœuf haché • 2 oignons • 4 gousses d'ail • 2 carottes • 2 branches de céleri • 6 cuil. à soupe de pâte de tomates • 30 cl de bouillon de bœuf • 300 g de tomates en dés en conserve • 1 cuil. à soupe de poudre de chili • 1 cuil. à soupe de cumin en poudre • 1 cuil. à café d'origan séché • 400 g de haricots rouges • 6 cuil. à soupe d'huile d'olive • Sel et poivre

Pour servir
½ bouquet de coriandre • 250 g de fromage blanc • 200 g de guacamole • 2 citrons verts

Pelez et émincez les oignons et les gousses d'ail. Épluchez les carottes puis taillez-les ainsi que le céleri en dés.

Dans une grande poêle, faites chauffer 3 cuil. à soupe d'huile et faites dorer le bœuf haché puis débarrassez-le dans une assiette. Faites chauffer l'huile restante dans une grande casserole et faites-y revenir les carottes, le céleri et les oignons jusqu'à ce qu'ils deviennent translucides. Ajoutez ensuite l'ail et poursuivez la cuisson pendant 2 min. Ajoutez le bœuf, la pâte de tomates, le bouillon et les tomates concassées ; mélangez. Ajoutez ensuite les épices et portez à ébullition. Réduisez le feu et laissez mijoter pendant 30 min, à couvert.

Ajoutez les haricots et laissez mijoter sans couvercle pendant 20 min. Salez et poivrez.

Ciselez la coriandre. Dégustez le chili con carne chaud accompagné de coriandre, de fromage blanc, de guacamole et de quartiers de citron vert.

FACILE

Pour **4** personnes
20 min de préparation
35 à **40** min de cuisson
4 h de marinade
Coût €

TRAVERS DE PORC À L'AMÉRICAINE

1 kg de travers de porc

Pour la marinade
2 gousses d'ail • 4 cuil. à soupe de sirop d'érable • 4 cuil. à soupe de ketchup • 2 cuil. à soupe de sauce Worcestershire • Quelques gouttes de Tabasco • 2 cuil. à soupe de sauce soja • 2 branches de romarin • 3 cuil. à soupe d'huile d'olive

1. Coupez le travers de porc toutes les 4 côtes ou 2 côtes pour des morceaux plus petits. Pelez et hachez les gousses d'ail. Réunissez dans un plat tous les ingrédients de la marinade puis enduisez bien les morceaux de travers de cette sauce. Couvrez d'un film alimentaire et placez au frais pendant 4 h en prenant soin de retourner régulièrement la viande.

2. Préchauffez le four à 180 °C (th. 6). Versez un mince filet d'huile d'olive sur les travers de porc et enfournez pendant 35 à 40 min environ, le temps que les travers de porc soient bien caramélisés.

3. Dégustez chaud.

ASTUCE
Vous pouvez également cuire les travers de porc au barbecue.

FACILE

Pour **4** personnes
40 min de préparation
1 h de cuisson
Coût €

GNOCCHIS DE LA NOUVELLE-ORLÉANS

500 g de pommes de terre à chair ferme • 100 g de farine • 2 jaunes d'œufs • 2 oignons 2 gousses d'ail • 4 saucisses fumées • 40 cl de tomates en dés • ½ cuil. à café de paprika • ½ cuil. à café de cumin en poudre • Quelques gouttes de Tabasco (facultatif) • 20 cl de crème fraîche • 60 g de parmesan fraîchement râpé • 2 cuil. à soupe d'huile d'olive • 1 kg de gros sel pour la cuisson • Sel et poivre du moulin

Matériel
Moulin à légumes

Préchauffez le four à 180 °C (th. 6). Versez du gros sel sur une plaque allant au four puis disposez par-dessus les pommes de terre, enfournez pendant 45 min.

Épluchez les pommes de terre puis passez-les au moulin à légumes. Récupérez la pulpe et mélangez-la dans un large récipient avec la farine, les jaunes d'œufs et 1 pincée de sel. Le mélange doit être lisse et homogène. Roulez la pâte sur un plan de travail et réalisez un petit rouleau de 2 cm de diamètre puis découpez-le en petites boules. Écrasez-les légèrement avec le dos d'une fourchette puis roulez-les sur elles-mêmes. Mettez de côté dans une assiette farinée.

Pelez et émincez les oignons et l'ail. Coupez les saucisses en morceaux et faites-les revenir dans une poêle chaude avec un peu d'huile d'olive 2 min sur chaque face. Ajoutez ensuite les oignons et l'ail, les tomates, les épices et la crème. Salez et poivrez. Laissez mijoter 10 min.

Faites cuire les gnocchis dans une eau salée et frémissante pendant 2 à 3 min puis égouttez-les.

Préchauffez le four en mode gril. Mélangez délicatement les gnocchis avec la sauce et versez le tout dans un plat à gratin, saupoudrez de parmesan puis faites dorer quelques minutes sous le gril.

Dégustez chaud.

FACILE

Pour **4** personnes
25 min de préparation
45 min de cuisson environ
30 min de repos
Coût €

CHICKEN POT PIE

1 rouleau de pâte feuilletée • 350 g de blancs de poulet • 1 bouquet de ciboulette • 1 oignon • 2 carottes • 15 cl de bouillon de légumes • 100 g de petits pois surgelés • 15 cl de crème fraîche • 1 jaune d'œuf • 2 cuil. à soupe d'huile d'olive • Sel et poivre

Matériel
4 ramequins

1. Coupez les blancs de poulet en lanières. Ciselez la ciboulette. Pelez l'oignon et les carottes et émincez-les finement.

2. Dans une poêle chaude, faites dorer rapidement les lanières de poulet avec un filet d'huile d'olive puis ajoutez l'oignon et les carottes, versez le bouillon et poursuivez la cuisson pendant 15 min. Ajoutez 5 min avant la fin de cuisson les petits pois surgelés. Une fois les carottes tendres, faites réduire le bouillon si nécessaire puis coupez le feu. Ajoutez la crème fraîche et la ciboulette ciselée ; salez et poivrez.

3. Découpez 4 ronds de pâte feuilletée un peu plus grands que les ramequins. Versez dans chaque ramequin la préparation à base de poulet et posez les ronds de pâte sur les bords ; appuyez pour faire adhérer. Placez au frais 30 min.

4. Préchauffez le four à 210 °C (th. 7). Battez le jaune d'œuf avec un peu d'eau et badigeonnez la pâte à l'aide d'un pinceau. Enfournez pour 20 à 25 min jusqu'à ce que la pâte soit dorée.

5. Dégustez chaud.

ASTUCE
Vous pouvez également agrémenter cette recette de 80 g de cheddar fraîchement râpé.

FACILE

Pour **4** personnes
20 min de préparation
2 à **5** min de cuisson
Coût €

POULET FRIT

4 morceaux de poulet (ou différents petits morceaux type ailerons, pilons) • 100 g de farine • 50 cl de lait • 1 l d'huile de friture

Pour l'assaisonnement
1 cuil. à café d'origan moulu • 1 cuil. à café de poudre de chili • 1 cuil. à café de marjolaine • 1 cuil. à café de poivre moulu • 2 cuil. à café de sel • 2 cuil. à soupe de paprika • 1 cuil. à café d'oignons en poudre • 1 cuil. à café d'ail en poudre

Matériel
Mixeur

1. Faites chauffer l'huile dans une friteuse ou une large casserole.

2. Mixez tous les ingrédients de l'assaisonnement afin d'obtenir une poudre fine. Versez-la ensuite dans une assiette et mélangez-la avec la farine. Versez le lait dans un récipient. Trempez les morceaux de poulet dans le lait, roulez-les ensuite dans le mélange épices-farine, tapotez pour retirer l'excédent puis recommencez la même opération une fois.

3. Plongez les morceaux de poulet dans l'huile de friture pendant 2 à 5 min environ en fonction du morceau choisi. Une fois que le poulet est bien doré, égouttez-le sur une feuille de papier absorbant.

4. Dégustez chaud.

FACILE

Pour **4** personnes
25 min de préparation
5 min de cuisson
Coût €

KENTUCKY CORN CHICKEN

4 blancs de poulet • 200 g de corn flakes non sucrés • 2 gousses d'ail • 2 œufs • 1 cuil. à soupe de ketchup • 3 à 4 gouttes de Tabasco • 2 cuil. à café de citron • 1 cuil. à café de paprika • 150 g de farine • 4 cuil. à soupe d'huile de pépins de raisin • Sel

1. Découpez les blancs de poulet en morceaux de 2 à 3 cm d'épaisseur. Versez les corn flakes dans un sachet en plastique et, à l'aide d'un rouleau à pâtisserie, réduisez-les en miettes puis versez le tout dans une assiette creuse.

2. Pelez et hachez les gousses d'ail. Dans une deuxième assiette creuse, battez les œufs avec le ketchup, le Tabasco, le citron, l'ail haché et le paprika.

3. Dans une troisième assiette, versez la farine. Roulez alternativement les morceaux de poulet dans la farine, dans la préparation à base d'œufs et dans les corn flakes.

4. Dans une poêle bien chaude, faites cuire le poulet dans l'huile pendant 4 à 5 min selon l'épaisseur des morceaux. Une fois qu'ils sont bien dorés, égouttez les morceaux sur une feuille de papier absorbant et salez.

5. Dégustez chaud.

ASTUCE

Pour parfumer un peu plus les morceaux de poulet, vous pouvez ajouter un peu de thym dans la préparation à base d'œufs.

FACILE

Pour **4** personnes
20 min de préparation
15 à **20** min de cuisson
Coût €

GRATIN DE MACARONIS

400 g de macaronis • 1 cube de bouillon de légumes • 2 œufs • 25 cl de crème fraîche • 125 g de gruyère râpé • 30 g beurre + 10 g pour le plat • Gros sel et poivre

1 Faites bouillir 1,5 l d'eau avec le bouillon de légumes et du gros sel. Une fois l'eau à ébullition, plongez-y les pâtes et faite-les cuire *al dente* le temps indiqué sur le paquet.

2 Dans un bol, mélangez les œufs avec la crème fraîche et du poivre.

3 Égouttez les pâtes et mélangez-les avec la préparation à base d'œufs. Beurrez un plat puis versez les pâtes dedans, parsemez de gruyère et de dés de beurre sur le dessus. Enfournez pour 15 à 20 min, le temps que les pâtes soient bien gratinées.

4 Dégustez chaud.

FACILE

Pour **4** à **6** personnes
20 min de préparation
15 à **20** min de cuisson
Coût €

PIZZA NEW-YORKAISE

1 rouleau de pâte à pizza • 150 g de tomates concassées • 10 cl de sauce barbecue maison (voir p. 20) ou du commerce • 1 cuil. à soupe de crème épaisse • 1 oignon • 3 gros cornichons Malossol • 50 g de cheddar • 200 g de bœuf haché • Sel et poivre du moulin

Matériel
Papier sulfurisé

1. Préchauffez le four à 220 °C (th. 7 environ). Dans un récipient, mélangez les tomates concassées avec la sauce barbecue et la crème épaisse. Pelez et émincez finement l'oignon. Coupez en rondelles les cornichons. Râpez le cheddar.

2. Déroulez la pâte à pizza sur une plaque de four recouverte de papier sulfurisé, piquez la pâte puis badigeonnez-la avec le mélange à base de ketchup. Répartissez par-dessus les rondelles d'oignon et de cornichon, parsemez de bœuf haché puis recouvrez de cheddar. Salez et poivrez. Enfournez pendant 15 à 20 min.

3. Dégustez bien chaud.

FACILE

Pour **4** personnes
25 min de préparation
20 min de cuisson environ
Coût €

GOULASCH AMÉRICAIN

500 g de viande de bœuf hachée • 1 oignon • 1 poivron • 1 cuil. à café d'ail déshydraté • 1 grosse boite de tomates concassées • 35 cl de sauce tomate • 500 g de macaronis • 125 g de cheddar fraîchement râpé • 2 cuil. à soupe d'huile d'olive • Sel et poivre du moulin

1. Pelez et émincez l'oignon. Coupez en deux et épépinez le poivron puis taillez-le en dés.

2. Dans une poêle chaude, faites revenir l'oignon et les dés de poivron avec un peu d'huile d'olive. Une fois que l'oignon est transparent, ajoutez la viande de bœuf et faites dorer pendant 4 à 5 min. Salez et poivrez puis ajoutez l'ail déshydraté, les tomates concassées et la sauce tomate. Faites mijoter à couvert pendant 15 min.

3. Pendant ce temps, faites cuire les macaronis dans de l'eau bouillante salée selon le temps indiqué sur le paquet. Une fois que les pâtes sont cuites, égouttez-les puis mélangez-les avec la sauce à base de bœuf.

4. Dégustez chaud avec le cheddar râpé.

FACILE

Pour **4** personnes
25 min de préparation
40 à **45** min de cuisson
Coût €

GAMBAS À L'AMÉRICAINE

20 gambas • 4 oignons • 2 échalotes • 3 gousses d'ail • 400 g de riz long • 6 tomates • 5 cl de cognac • 10 cl de vin blanc sec • 140 g de concentré de tomates • 1 bouquet garni • 1 pincée de piment de Cayenne • 3 cuil. à soupe d'huile d'olive • 40 g de beurre • Sel, poivre

1. Décortiquez les gambas. Pelez et émincez les oignons, les échalotes et les gousses d'ail. Plongez pendant 30 s les tomates dans de l'eau bouillante. Égouttez-les et rafraîchissez-les sous l'eau froide. Retirez le pédoncule et la peau des tomates puis coupez-les en deux et ôtez les graines à l'intérieur. Taillez la chair en dés.

2. Dans une cocotte, faites revenir rapidement les gambas avec un peu d'huile d'olive et, une fois qu'elles sont dorées, flambez avec le cognac. Débarrassez dans une assiette.

3. Dans la même cocotte, faites suer les oignons et les échalotes avec le beurre. Une fois que les oignons sont devenus translucides, versez le vin blanc et portez à ébullition. Remettez ensuite les gambas dans la cocotte puis ajoutez les tomates en dés, le concentré de tomates, l'ail, le bouquet garni et le piment de Cayenne. Salez et poivrez. Faites mijoter à couvert pendant 25 min.

4. Pendant ce temps, faites cuire le riz dans un grand volume d'eau salée selon le temps indiqué sur le paquet, puis égouttez.

5. Dégustez les gambas à l'américaine avec le riz bien chaud.

FACILE

Pour **4** personnes
35 min de préparation
3 h de cuisson
20 min de repos
Coût €

JAMBON DE VIRGINIE À L'ANANAS

1 jambon de porc frais de 3 kg environ • 20 cl de vinaigre d'alcool blanc • 4 gousses d'ail • ¼ de piment antillais • 1 g de quatre-épices • 4 brins de persil plat • 2 oignons nouveaux • 2 cuil. à soupe d'huile de tournesol • Sel, poivre

Pour l'ananas
20 tranches d'ananas au sirop • 30 g de beurre • 1 cuil. à soupe de sucre roux • 2 pincées de cannelle • 2 cuil. à soupe de rhum ambré

Matériel
Mixeur • Aluminium

Préchauffez le four à 150 °C (th. 5). Retirez la couenne du jambon sur une épaisseur d'environ 0,5 cm. Frottez le jambon avec le vinaigre, rincez-le rapidement sous l'eau et épongez-le, puis incisez-le profondément de toutes parts à l'aide d'un couteau pointu. Badigeonnez-le d'huile.

Pelez les gousses d'ail. Retirez les graines du piment antillais puis mixez-le avec les épices, le persil plat, les oignons nouveaux. Introduisez un peu de cette préparation dans chaque incision du jambon.

Déposez le jambon dans un plat allant au four avec quelques morceaux de couenne dans le fond et un verre d'eau. Enfournez pour 3 h de cuisson, en veillant à le retourner et à l'arroser toutes les 30 min. À la fin de la cuisson, laissez le jambon reposer sous une feuille d'aluminium pendant 20 min.

Égouttez les tranches d'ananas. Dans une poêle à feu doux, faites rôtir les tranches d'ananas avec le beurre, le sucre roux et la cannelle. Faites-les dorer des 2 côtés. En fin de cuisson, déglacez la poêle bien chaude en versant le rhum et portez à ébullition ; coupez ensuite le feu.

Découpez le jambon en tranches et disposez l'ananas autour. Dégustez chaud.

ASTUCE
Pour gagner du temps, vous pouvez utiliser un jambon déjà cuit. Il suffira de l'inciser comme le jambon frais et de le garnir de la préparation épicée puis de le faire cuire 25 min uniquement.

FACILE

Pour **4** personnes
30 min de préparation
50 min de cuisson environ
Coût €

JAMBALAYA CAJUN

4 cuisses de poulet • 12 crevettes crues • 150 g de chorizo • 1 oignon • 1 poivron • 2 branches de céleri • 3 gousses d'ail • 1 petit piment rouge • 1 pincée de piment de Cayenne • 200 g de tomates concassées (en boîte) • 80 cl de bouillon de volaille • 2 feuilles de laurier • 2 branches de thym • 350 g de riz long • 10 brins de persil plat • 2 cuil. à soupe d'huile d'olive • Sel et poivre

Décortiquez les crevettes, coupez en rondelles le chorizo. Pelez et émincez l'oignon. Coupez en deux et épépinez le poivron puis taillez-le en cubes. Découpez en rondelles les branches de céleri. Pelez et hachez les gousses d'ail. Coupez en deux et épépinez le piment puis hachez-le.

Dans une cocotte, faites dorer le poulet avec de l'huile d'olive. Ajoutez ensuite l'oignon et les dés de poivron ; une fois que l'oignon est devenu translucide, ajoutez le céleri, l'ail haché, le piment rouge et le piment de Cayenne. Poursuivez la cuisson pendant 3 à 4 min puis versez les tomates concassées, le bouillon de volaille, les feuilles de laurier et les branches de thym. Couvrez et laissez mijoter 25 min.

Ajoutez ensuite le riz et poursuivez la cuisson pendant 15 min ; ajoutez un verre d'eau si nécessaire. Lorsque le riz est cuit, ajoutez les crevettes et les rondelles de chorizo et faites cuire encore 5 min.

Ciselez le persil plat et parsemez-le à la fin de la cuisson. Rectifiez l'assaisonnement si nécessaire puis dégustez chaud.

FACILE

Pour **4** personnes
55 min de préparation
3 h à **3**h **30** de cuisson
Coût €

DINDE DE THANKSGIVING

1 dinde • 1 bouquet garni • 50 g de beurre • Sel, poivre

Pour la farce
1 oignon • 1 branche de céleri • 1 carotte • 1 pomme • 100 g de lardons • 10 cl de lait • 100 g de pain rassis • ½ botte de persil plat • 60 g de noix de pécan • 100 g de porc haché • 2 œufs

Pour l'accompagnement
1 potiron • 400 g de pommes de terre • 10 cl de crème • 10 cl de lait • 20 g de beurre

Pour la sauce
150 g de marmelade de cranberry • 5 cl d'eau

Matériel
Moulin à légumes • Ficelle alimentaire • Aluminium

Préchauffez le four à 200 °C (th. 6-7). Pelez et coupez en petits dés l'oignon, le céleri, la carotte et la pomme. Faites dorer les lardons à sec dans une poêle puis égouttez-les sur du papier absorbant. Dans la même poêle, faites revenir les légumes et les fruits 4 min.

Faites chauffer le lait. Lavez et ciselez le persil plat. Concassez les noix de pécan. Dans un récipient, réunissez tous les ingrédients de la farce avec les lardons et les petits dés de légumes revenus à la poêle. Salez et poivrez puis mélangez bien.

Retirez la peau du potiron et coupez-le en morceaux. Salez et poivrez l'intérieur de la dinde, farcissez avec le bouquet garni et la farce. Refermez à l'aide d'une ficelle, salez et poivrez l'extérieur de la dinde puis déposez-la dans un plat. Faites fondre le beurre. Badigeonnez-en la dinde. Recouvrez-la d'aluminium et enfournez. Arrosez à plusieurs reprises en cours de cuisson avec le jus. La dinde doit cuire de 20 à 25 min par 500 g de viande. À mi-cuisson, retirez l'aluminium et ajoutez le potiron autour de la dinde puis versez un fond d'eau.

Placez les pommes de terre dans de l'aluminium ; saupoudrez de sel, refermez puis enfournez 35 min avant la fin de cuisson de la dinde. À la sortie du four, pelez les pommes de terre, passez-les au moulin à légumes puis mélangez la chair avec la crème, le lait et le beurre. Salez. Prélevez le jus de cuisson de la dinde, versez-le dans une casserole puis ajoutez la marmelade et l'eau, faites réduire jusqu'à ce que le mélange devienne sirupeux. Coupez la dinde en morceaux, servez-la accompagnée de sauce au cranberry, de potiron et de purée de pommes de terre.

- FAIT MAISON -

DESSERTS & BOISSONS

FACILE

Pour **4** personnes
25 min de préparation
40 à **45** min de cuisson
Coût €

APPLE PIE

2 rouleaux de pâte brisée • 6 pommes variées (reinette, granny-smith, golden) • 1 citron • 2 cuil. à soupe de farine • 5 cuil. à soupe de cassonade • 2 cuil. à café de cannelle • 1 œuf • 40 g de beurre + 20 g pour le moule • 1 cuil. à café de cassonade (pour la finition) • 6 boules de glace à la vanille (pour accompagner)

Matériel
Moule à génoise ou à tourte

1 Préchauffez le four à 200 °C (th. 6-7). Pelez les pommes et épépinez-les. Coupez-les en grosses tranches. Déposez-les dans un récipient et arrosez-les du jus du citron. Saupoudrez de farine, de sucre et de cannelle. Mélangez bien pour imbiber les pommes.

2 Séparez le blanc du jaune d'œuf. Beurrez le moule, étalez-y un premier rouleau de pâte en prenant soin de faire ressortir légèrement la pâte du moule. Piquez-la avec une fourchette, déposez les pommes et recouvrez du deuxième rouleau de pâte. Fermez hermétiquement les bords avec le blanc d'œuf. Faites un trou au milieu de la pâte pour laisser échapper la vapeur lors de la cuisson. Badigeonnez la tourte avec un pinceau trempé dans le jaune d'œuf battu puis saupoudrez de cassonade. Enfournezpour 40 à 45 min.

3 Laissez tiédir et dégustez avec de la glace à la vanille.

FACILE

Pour **4** personnes
20 min de préparation
45 à **50** min de cuisson
24 h de réfrigération
Coût €

CHEESECAKE NEW-YORKAIS

Pour le fond du cheesecake
200 g de biscuits Thé ou de spéculoos • 30 g de cassonade • 60 g de beurre fondu

Pour la crème au fromage
800 g de fromage frais (type St Môret ou Philadelphia) • 140 g de sucre • 3 œufs • 2 cuil. à soupe de fécule de pommes de terre • 1 citron jaune (zeste) • 80 g de crème épaisse • 1 cuil. à café de vanille liquide

Pour le coulis de fruits rouges
200 g de mélange de fruits rouges surgelés • 40 g de sucre glace

Matériel
Moule rond à bord haut et amovible (25 cm de diamètre) • Batteur électrique • Couteau zesteur ou râpe

La veille, préchauffez le four à 150 °C (th. 5). Broyez les biscuits au robot ou au hachoir électrique (à défaut, en les écrasant dans un sachet hermétique). Versez les miettes dans un saladier avec la cassonade, incorporez le beurre fondu et recouvrez le fond du moule de cette préparation. Tassez bien en remontant sur les bords. Mettez au congélateur le temps de préparer la crème.

À l'aide d'un batteur, mélangez le fromage avec le sucre pendant 5 min. Ajoutez ensuite les œufs un à un. Incorporez la fécule de pomme de terre, le zeste du citron, la crème épaisse et enfin la vanille. Mélangez bien. Sortez le moule du congélateur et versez-y la crème au fromage.

Enfournez pour 45 à 50 min de cuisson. Le cheesecake doit être légèrement tremblotant à la fin de la cuisson. Laissez-le refroidir complètement dans le four la porte fermée puis placez-le 24 h au réfrigérateur.

Le jour même, faites décongeler les fruits rouges et mixez-les avec le sucre glace. Démoulez le cheesecake et dégustez-le avec le coulis de fruits rouges.

FACILE

Pour **4** personnes
20 min de préparation (hors fond de tarte)
45 min de cuisson
Coût €

TARTE AUX NOIX DE PÉCAN

1 fond de tarte en pâte sucrée précuit (voir recette p. 19) ou 1 pâte sablée du commerce • 350 g de noix de pécan entières • 3 œufs • 150 g de miel • 180 g de cassonade • 50 g de beurre • 5 cl de sirop d'érable • 2 pincées de fleur de sel

Matériel
Moule à tarte

1. Préchauffez le four à 180 °C (th. 6). Préparez le fond de tarte et faites-le précuire à blanc (voir p. 19).

2. Coupez grossièrement 180 g de noix de pécan. Dans un saladier, mélangez les œufs, le miel et la cassonade. Faites fondre le beurre et ajoutez-le au mélange. Ajoutez les noix de pécan coupées, le sirop d'érable et la fleur de sel. Mélangez bien et versez sur le fond de tarte précuit.

3. Parsemez le dessus de noix de pécan entières puis enfournez pour 45 min de cuisson.

4. Attendez que la tarte refroidisse avant de la déguster.

FACILE

Pour **4** personnes
30 min de préparation
7 à **8** min de cuisson
1 h de repos
Coût €

TARTE À L'AVOCAT

Pour la pâte
150 g de spritz • 50 g de petits-beurre • 80 g de beurre fondu

Pour la crème d'avocat
6 avocats bien mûrs • 2 feuilles de gélatine • 20 cl de jus de citron • 50 cl de lait concentré sucré • 25 cl de crème liquide

Matériel
4 moules à tartelettes • Blender • Batteur électrique

1 Préchauffez le four à 180 °C (th. 6). Broyez les biscuits dans un robot ou un hachoir électrique (à défaut, en les écrasant dans un sachet hermétique). Versez les miettes dans un saladier, incorporez le beurre fondu et recouvrez le fond des moules de cette préparation. Tassez bien. Enfournez pour 7 à 8 min.

2 Faites tremper la gélatine dans un bol d'eau froide. Enlevez la peau des avocats et coupez-les en dés. Dans une casserole, portez à ébullition le jus de citron. Hors du feu, ajoutez la gélatine bien essorée, mélangez puis ajoutez le lait concentré sucré. Mixez la crème de citron ainsi obtenue avec les morceaux d'avocat jusqu'à obtenir une purée.

3 Montez la crème liquide en chantilly au batteur. Mélangez délicatement la chantilly au mélange crème de citron-avocats. Nappez les fonds des tartelettes refroidis avec la crème d'avocat.

4 Placez au frais 1 h avant de déguster.

FACILE

Pour **4** personnes
20 min de préparation (hors fond de tarte)
30 min de cuisson
Coût €

TARTE AUX GROSEILLES MERINGUÉE

1 fond de tarte en pâte sucrée précuit (voir p. 19) ou 1 pâte sablée du commerce • 300 g de groseilles (fraîches ou surgelées) • 4 blancs d'œufs • 1 pincée de sel • 150 g de sucre glace (+ un peu pour la finition) • 100 g de poudre d'amandes

Matériel
Moule à tarte • Batteur électrique

1. Préchauffez le four à 180 °C (th. 6). Préparez le fond de tarte et faites-le précuire à blanc (voir p. 19).

2. Baissez le thermostat à 90 °C (th. 3). Équeutez les groseilles si elles sont fraîches. Montez les blancs d'œufs en neige ferme avec le sel ; incorporez petit à petit le sucre glace. Ajoutez délicatement la poudre d'amandes puis mélangez les deux tiers des blancs battus avec les groseilles.

3. Garnissez le fond de tarte de cette préparation, couvrez avec les blancs restants, parsemez de sucre glace et enfournez pendant 30 min en surveillant la coloration de la meringue qui doit être beige clair.

4. Dégustez dans l'heure.

FACILE

Pour **6** personnes
30 min de préparation (hors fond de tarte)
8 à **10** min de cuisson
Coût €

TARTE AU CITRON MERINGUÉE

1 fond de tarte en pâte sucrée précuit (voir p. 19) ou 1 pâte sablée du commerce • 1 blanc d'œuf • 3 citrons non traités (12 cl) • 4 œufs entiers • 100 g de sucre glace • 40 g de beurre mou

Pour la meringue
3 blancs d'œufs • 70 g de sucre semoule

Matériel
Moule à tarte • Batteur électrique • Couteau zesteur ou râpe

Préchauffez le four à 180 °C (th. 6). Préparez le fond de tarte et cuisez-le à blanc (voir p. 19). Afin de préserver le croustillant de la pâte, badigeonnez-la avec un pinceau de blanc d'œuf légèrement battu 5 min avant la fin de la cuisson.

Prélevez le zeste de 2 citrons et récupérez le jus des 3. Dans une casserole, fouettez les œufs avec le sucre puis ajoutez le jus et les zestes des citrons. Mélangez bien le tout puis faites cuire sans cesser de remuer environ 6 min à feu moyen jusqu'à épaississement. Dès que la crème atteint la consistance d'une mayonnaise, coupez le feu et ajoutez le beurre coupé en dés puis remuez vigoureusement. Plongez la casserole dans un bain d'eau froide pour faire refroidir le lemon curd.

Montez les blancs en neige ferme en incorporant petit à petit le sucre. Répartissez cette meringue sur la crème au citron bien refroidie.

Passez la tarte quelques instants sous le gril du four pour colorer la meringue.

Dégustez aussitôt ou conservez la tarte au réfrigérateur.

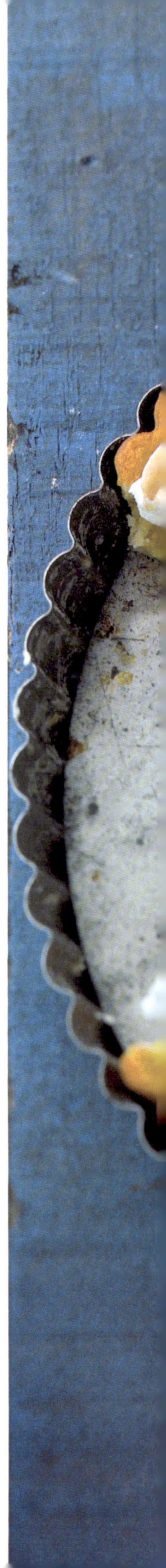

FACILE

Pour **6** personnes
20 min de préparation (hors fond de tarte)
35 à **40** min de cuisson
Coût €

SHOOFLY PIE

1 fond de tarte en pâte sucrée précuit (voir p. 19) ou 1 pâte sablée du commerce • 1 œuf • 18 cl d'eau tiède • 12 cl de mélasse ou de miel épais • 1 sachet de levure chimique

Pour le crumble
125 g de beurre • 125 g de farine • 125 g de poudre d'amandes • 125 g de sucre

1. Préchauffez le four à 180 °C (th. 6). Préparez le fond de tarte et faites-le précuire à blanc (voir p. 19).

2. Augmentez la température du four à 190 °C (th. 6-7). Préparez la pâte à crumble : coupez le beurre en dés. Dans un saladier, mélangez la farine avec la poudre d'amandes et le sucre puis incorporez du bout des doigts le beurre pour obtenir un mélange sableux.

3. Déroulez la pâte dans un moule à tarte et piquez-la légèrement avec une fourchette puis replacez au frais le temps de préparer le mélange. Dans un récipient, battez l'œuf avec l'eau, la mélasse et la levure.

4. Versez dans le fond de la tarte la moitié de la pâte à crumble, versez ensuite le mélange à base de mélasse puis recouvrez avec le reste de crumble.

5. Enfournez pour 35 à 40 min. Laissez complètement refroidir et durcir la tarte avant de la déguster.

FACILE

Pour **4** personnes
20 min de préparation (hors fond de tarte)
45 min de cuisson
Coût €

PUMPKIN PIE

1 fond de tarte en pâte sucrée précuit (voir p. 19) ou 1 pâte sablée du commerce • 100 g de noix de pécan • 450 g de purée de potiron surgelée • 2 œufs • 170 g de sucre vergeoise brune • 14 cl de crème liquide entière • 1 cuil. à café de cannelle en poudre • ½ cuil. à café de quatre-épices • ½ cuil. à café de gingembre en poudre • 1 pincée de sel

1. Préchauffez le four à 180 °C (th. 6). Préparez le fond de tarte et faites-le précuire à blanc (voir p. 19). Concassez les noix de pécan.

2. Dans une casserole, faites chauffer la purée de potiron en faisant évaporer au maximum l'eau. Laissez-la tiédir et versez-la dans un saladier puis ajoutez les œufs, le sucre vergeoise, la crème, les épices et le sel.

3. Déposez les noix concassées sur le fond de tarte précuit. Versez la préparation au potiron par-dessus et enfournez pour 45 min. La tarte doit-être encore un peu tremblante au milieu et le dessus légèrement caramélisé.

4. Laissez refroidir avant de déguster.

FACILE

Pour **4** personnes
25 min de préparation
20 min de cuisson
15 min de repos
Coût €

CHOCOLATE CHIP COOKIES

115 g de beurre (à température ambiante) • 200 g de sucre roux • 3 cuil. à soupe de sucre • 1 gros œuf • ½ cuil. à café de bicarbonate de soude • ½ cuil. à café de levure chimique • ½ cuil. à café de sel • 220 g farine • 2 cuil. à café d'extrait de vanille • 180 g de pépites de chocolat

Matériel
Batteur électrique • Plaque à pâtisserie • Papier sulfurisé

1. Préchauffez le four à 140 °C (th. 4-5).

2. Dans un grand récipient, mélangez le beurre mou et les sucres au batteur électrique jusqu'à ce que le mélange blanchisse. Ajoutez ensuite l'œuf, continuez de battre pendant 1 min puis incorporez le bicarbonate, la levure, le sel et la farine tamisée. Versez l'extrait de vanille et les pépites de chocolat, remuez avec une spatule en bois jusqu'à ce que la pâte soit homogène. Placez la pâte au réfrigérateur pendant 15 min.

3. Recouvrez la plaque à pâtisserie de papier sulfurisé et déposez des petites boules de pâte. Laissez suffisamment d'espace entre chaque boule de pâte pour que les cookies puissent s'étaler un peu. Aplatissez légèrement les boules avec le dos d'une cuillère à soupe.

4. Enfournez pour 20 min de cuisson puis laissez refroidir la plaque posée sur une grille. Dégustez tiède ou froid.

ASTUCE
Vous pouvez utiliser une cuillère à glace pour former les boules de pâte.

EGGS
SUGAR

FACILE

Pour **4** personnes
25 min de préparation
20 à **25** min de cuisson
Coût €

BROWNIE

120 g de noix de pécan • 115 g de chocolat noir pâtissier • 200 g de beurre (+un peu pour le moule) • 200 g de sucre • 4 œufs • 1 cuil. à café d'extrait de vanille • 140 g de farine • 1 pincée de sel

Matériel
Moule d'environ 22 cm de côté

1. Préchauffez le moule à 180 °C (th. 6). Hachez grossièrement les noix de pécan.

2. Au bain-marie, faites fondre le chocolat en morceaux et le beurre coupé en dés. Une fois fondu, ajoutez le sucre, remuez bien et poursuivez la cuisson pendant 2 min. Retirez du feu puis ajoutez les œufs un par un tout en fouettant. Versez l'extrait de vanille, la farine tamisée et le sel ; remuez le tout avec une spatule en bois. Ajoutez à la fin les noix de pécan.

3. Beurrez le moule puis versez la pâte dedans. Enfournez pour 20 à 25 min.

4. Laissez refroidir le moule sur une grille. Dégustez froid.

FACILE

Pour **4** personnes
20 min de préparation
20 à **25** min de cuisson
Coût €

MUFFINS AUX MYRTILLES

120 g de sucre • 1 œuf • 125 g de farine • ½ cuil. à café de levure chimique • 1 pincée de sel • 70 g de beurre • 10 cl de lait • 125 g de myrtilles surgelées

Matériel
8 caissettes en papier

1. Préchauffez le four à 180 °C (th. 6).

2. Mélangez le sucre et l'œuf au fouet jusqu'à obtenir une préparation mousseuse. Ajoutez ensuite la farine préalablement mélangée à la levure et au sel.

3. Faites fondre le beurre dans une casserole ou au micro-ondes puis versez-le dans la préparation avec le lait. Mélangez bien. Sortez au dernier moment les myrtilles du congélateur puis incorporez-les délicatement à la pâte.

4. Remplissez de pâte 8 caissettes en papier jusqu'aux trois quarts de la hauteur.

5. Enfournez 20 à 25 min jusqu'à ce que les muffins soient dorés.

6. Laissez refroidir sur une grille avant de déguster.

UN PEU DIFFICILE

Pour **4** personnes
45 min de préparation
2 h **30** de repos
5 min de cuisson
Coût €

DONUTS

Pour le levain
10 cl de lait • 3 g de levure fraîche de boulangerie • 150 g de farine

Pour la pâte
125 g de farine • 30 g de sucre • 20 g de levure fraîche de boulangerie • 1 cuil. à soupe de lait • 3 jaunes d'œufs • 30 g de beurre mou

Pour le nappage
200 g de chocolat noir

Pour la friture
1 l d'huile de friture

Matériel
Robot muni d'un crochet • Rouleau à pâtisserie • 2 emporte-pièce ronds de tailles différentes • Papier sulfurisé

1 Préparez le levain. Faites tiédir le lait puis effritez la levure dedans et mélangez. Versez la farine dans un saladier, creusez un puits et versez-y le mélangez lait-levure. Pétrissez puis formez une boule bien compacte, placez-la dans un bol propre, recouvrez d'un torchon et laissez lever dans un endroit tiède et à l'abri des courants d'air pendant 1 h.

2 Placez la boule dans la cuve du robot. Mélangez le sucre avec la farine et versez-les dans le robot. Dissolvez la levure dans la cuillerée de lait et ajoutez-les. Versez les jaunes d'œufs et faites tourner à vitesse lente. Au bout de 5 min, ajoutez le beurre coupé en dés et continuez à faire tourner 10 min jusqu'à ce que la pâte soit brillante et homogène.

3 Formez une boule entre vos doigts et laissez doubler de volume dans un endroit tiède. Ensuite, étalez-la sur un plan de travail fariné (1 cm d'épaisseur environ) et, avec les emporte-pièce farinés, découpez des anneaux. Posez les donuts sur une plaque recouverte de papier sulfurisé et laissez lever à nouveau 1 h.

4 Faites chauffer l'huile dans une friteuse ou dans une sauteuse. Lorsqu'elle est bien chaude, faites frire les donuts 4 à 5 min en les retournant.

5 Faites fondre le chocolat noir au bain-marie et, lorsque les donuts sont refroidis, nappez-les avec ce glaçage sur une seule face. Laissez durcir le chocolat puis dégustez.

FACILE

Pour **4** personnes
25 min de préparation
8 min de cuisson
Coût €

WHOOPIE PIES

Pour les coques
220 g de farine • 1 cuil. à soupe de levure chimique • 40 g de cacao en poudre • 130 g de sucre cassonade • 80 g de beurre • 2 jaunes d'œufs • 1 pincée de sel • 10 cl d'eau

Pour la garniture
250 g de mascarpone • 1 gousse de vanille • 50 g de sucre glace

Matériel
Batteur électrique • Poche à douille lisse • Papier sulfurisé

Préchauffez le four à 200 °C (th. 6-7). Mélangez la farine, la levure et le cacao. Fouettez énergiquement le sucre avec le beurre, la consistance doit être crémeuse. Incorporez les jaunes d'œufs, puis ajoutez la farine, le sel et l'eau, remuez jusqu'à ce que la consistance soit bien homogène.

Prélevez de la pâte et façonnez des boules de la taille d'une balle de ping-pong. Déposez-les sur une plaque de four recouverte de papier sulfurisé. Enfournez pendant 8 min jusqu'à ce que les biscuits soient bien gonflés et légèrement fermes puis laissez-les refroidir.

Coupez la gousse de vanille en deux dans le sens de la longueur puis prélevez les graines à l'intérieur. Mélangez le mascarpone, les graines de vanille et le sucre glace à l'aide du batteur.

Remplissez ensuite la poche à douille de ce mélange. Garnissez la moitié des coques en chocolat et fermez avec une deuxième coque.

Dégustez aussitôt.

FACILE

Pour **10** cupcakes
25 min de préparation
20 min de cuisson
Coût €

CUPCAKES

180 g de farine • ½ sachet de levure chimique • 1 pincée de sel • 100 g de beurre mou • 70 g de sucre en poudre • 3 œufs • 1 cuil. à café d'extrait de vanille • 3 cuil. à soupe de lait entier • 1 sachet de sucre vanillé

Pour le glaçage
300 g de fromage frais (type St Môret, Philadelphia) • 15 cl de crème fleurette très froide • 3 gouttes de colorant alimentaire rouge, bleu ou vert • 1 cuil. à soupe de petits grains de sucre colorés (pour la déco)

Matériel
10 caissettes de cuisson en papier • Batteur • Poche à douille

Préchauffez le four à 180 °C (th. 6). Déposez sur une plaque de four les caissettes en papier.

Tamisez ensemble la farine, la levure et le sel dans un récipient. Dans un autre récipient, battez le beurre avec le sucre, jusqu'à obtenir une consistance mousseuse. Ajoutez les œufs un à un, mélangez bien puis versez l'extrait de vanille. Incorporez le mélange de farine en alternant avec le lait. Mélangez encore.

Répartissez la pâte dans les moules aux trois quarts de leur hauteur. Enfournez pour 20 min.

Laissez ensuite refroidir sur une grille.

Préparez le glaçage en fouettant vivement le fromage frais avec quelques gouttes de colorant. Dans un saladier bien froid, versez la crème fleurette et montez-la en chantilly à l'aide d'un fouet ou d'un batteur électrique. Incorporez délicatement la chantilly au fromage frais avec une spatule souple. Versez cette préparation dans une poche munie d'une douille et garnissez le dessus des cupcakes. Placez au frais jusqu'au moment de servir et décorez avec quelques grains de sucre colorés.

UN PEU DIFFICILE

Pour **4** personnes
45 min de préparation
35 à **40** min de cuisson
3 h de repos
Coût €

WHITE CAKE

170 g de beurre à température ambiante • 340 g de sucre • 1 sachet de levure • 2 cuil. à café d'arôme vanille • 220 g de farine • 23,5 cl de lait à température ambiante • 5 blancs d'œufs à température ambiante • 1 pincée de sel

Pour la garniture
250 g de fraises + 200 g pour la décoration • 25 cl de crème fleurette bien froide • 30 g de sucre glace • 1 cuil. à soupe d'amandes grillées hachées

Pour le moule
20 g de beurre • 25 g de farine

Matériel
Batteur électrique • Moule à bords hauts amovibles ou 2 moules à génoise

1 Préchauffez le four à 160 °C (th. 5-6). Battez au fouet électrique le beurre pour l'assouplir et l'aérer puis versez petit à petit le sucre tout en continuant de battre. Le mélange doit blanchir. Ajoutez la levure et l'arôme vanille. Réduisez la vitesse du batteur puis versez la farine progressivement en alternant avec le lait.

2 À l'aide du batteur, montez les blancs d'œufs en neige avec le sel. Prélevez un tiers des blancs montés et mélangez-les à la préparation à base de beurre et de farine afin d'assouplir la pâte puis ajoutez en deux fois le reste des blancs. Mélangez délicatement en soulevant la pâte.

3 Beurrez et farinez le moule puis versez la pâte. Enfournez 35 à 40 min. Testez la cuisson en plantant un couteau, la lame doit ressortir propre. Laissez tiédir le gâteau, puis démoulez-le et déposez-le sur une grille afin qu'il refroidisse.

4 Lavez, équeutez et coupez toutes les fraises en quatre. Fouettez au batteur la crème fleurette en chantilly. Lorsqu'elle est montée aux trois quarts, versez le sucre glace puis continuez de battre tout en augmentant la vitesse pour obtenir une chantilly bien ferme.

5 Coupez le gâteau en deux dans l'épaisseur. Nappez les deux faces intérieures de chantilly puis recouvrez de fraises. Refermez le gâteau puis recouvrez toute la surface de chantilly. Placez au frais 3 h.

6 Décorez le dessus du gâteau avec le reste des fraises et les amandes grillées. Dégustez sans tarder.

UN PEU DIFFICILE

Pour **4** personnes
30 min de préparation
15 à **20** min de cuisson
2 h de repos
Coût €

FUDGE

500 g de sucre en poudre • 170 g de lait concentré non sucré • 120 g de crème liquide • 50 g de beurre non salé + 1 pincée de sel • 80 g de chocolat noir • 150 g de noix de pécan (ou noisettes) • 1 cuil. à soupe d'huile végétale

Matériel
Moule carré d'environ 18 cm • Thermomètre de cuisine (facultatif)

1. Huilez le moule à l'aide d'un papier absorbant. Dans une casserole, faites cuire à feu doux et sans cesser de remuer le sucre, le lait concentré et la crème liquide pendant 15 à 20 min environ. Une fois que le liquide a atteint 115 °C (si vous ne possédez pas de thermomètre à sucre, prélevez une petit goutte du mélange et plongez-la dans un récipient d'eau froide : si une boule souple se forme, la température est alors atteinte), coupez le feu puis ajoutez le beurre et le sel. Mélangez bien puis laissez tiédir pendant 5 min.

2. Hachez le chocolat et concassez grossièrement les noix de pécan, versez le tout dans le mélange tiède de lait concentré.

3. Versez la préparation dans le moule, lissez et laissez durcir pendant 2 h au frais.

4. Coupez le fudge en petits carrés et dégustez.

FACILE

Pour **4** personnes
15 min de préparation
5 min de cuisson
Coût €

POP-CORN CARAMÉLISÉ

180 g de maïs en grains • 100 g de sucre • 20 g de beurre • 2 cuil. à soupe d'huile végétale

1. Faites légèrement chauffer l'huile dans une casserole puis ajoutez le maïs. Refermez avec un couvercle et laissez le pop-corn éclater. Secouez de temps en temps la casserole en maintenant le couvercle en place. Une fois qu'il n'y a plus de bruit, stoppez la cuisson et versez le pop-corn dans un saladier.

2. Faites fondre le sucre dans la casserole, une fois qu'il prend une couleur de caramel, ajoutez le beurre et remuez. Mettez le pop-corn dans la casserole et remuez bien pour l'enrober de caramel.

3. Laissez refroidir puis dégustez.

FACILE

Pour **4** verres
15 min de préparation
8 min de cuisson
12 h de repos
Coût €

LAIT DE POULE

50 cl de lait • 0,5 cl d'extrait de vanille • 2 clous de girofle • 1 pincée de cannelle en poudre • 6 jaunes d'œufs • 150 g de sucre • 30 cl de rhum blanc • 1 pincée de noix muscade en poudre • 40 cl de crème légère

1. Dans une casserole, portez à ébullition le lait avec la vanille, les clous de girofle et la cannelle en poudre. Coupez le feu et laissez infuser.

2. Dans un récipient, faites mousser les jaunes d'œufs avec le sucre. Filtrez le lait pour retirer les clous de girofle puis versez-le sur le mélange œufs-sucre. Remettez ce mélange dans la casserole et faites chauffer 5 min à feu moyen sans ébullition en remuant constamment.

3. Laissez complètement refroidir et versez le rhum, la noix muscade et la crème.

4. Placez au réfrigérateur pendant 12 h avant de déguster bien frais.

FACILE

Pour **4** personnes
5 min de préparation
Coût €

SMOOTHIE AUX FRUITS ROUGES

100 g de myrtilles surgelées • 100 g de fraises • 100 g de framboises surgelées • 15 cl de jus de pomme • 4 glaçons

Matériel
Blender • 4 pailles

1. Placez tous les ingrédients dans le blender. Mixez pendant quelques minutes le temps que la préparation soit bien lisse.

2. Vous pouvez ajouter si nécessaire du jus de pomme en fonction de la consistance souhaitée.

3. Dégustez bien frais avec une paille.

FACILE

Pour **4** verres
15 min de préparation
3 h de congélation
Coût €

SMOOTHIE À LA BANANE ET AU BEURRE DE CACAHUÈTES

3 bananes • 1 l de lait bien froid • 3 cuil. à soupe de beurre de cacahuètes

Matériel
Blender

Pelez et coupez les bananes en rondelles. Disposez-les séparément à plat dans un grand récipient et placez au congélateur pendant 3 h.

Déposez les bananes dans le blender, versez le lait puis ajoutez le beurre de cacahuètes. Mixez jusqu'à obtenir une texture crémeuse.

Versez dans des verres et dégustez aussitôt.

FACILE

Pour **2,5** l de thé
15 min de préparation
3 h de réfrigération
Coût €

THÉ GLACÉ AU CITRON

2 citrons non traités • 2,5 l d'eau • 3 sachets de thé noir (type english breakfast) • 5 cuil. à soupe de sucre roux • 4 cuil. à soupe de miel liquide

1. Prélevez une large bande de zeste de citron, pressez les deux citrons et réservez le jus. Portez 1 l d'eau à ébullition puis faites infuser les sachets de thé pendant 8 à 10 min.

2. Retirez les sachets, versez le sucre et le miel, remuez jusqu'à ce que le sucre soit dissous.

3. Versez le reste d'eau, le jus des citrons et le zeste.

4. Placez au frais 3 h puis dégustez glacé.

FACILE
Pour **4** verres
15 min de préparation
Coût €

MILK-SHAKE À LA FRAISE

500 g de fraises • 1 l de lait froid • 4 boules de glace vanille

Matériel
Blender

1. Lavez et équeutez les fraises. Mettez-en 4 de côté pour la décoration.

2. Au blender, mixez les fraises avec le lait et la glace vanille jusqu'à ce que le mélange soit onctueux.

3. Versez dans des verres et décorez chacun avec une fraise.

4. Dégustez bien frais

The American
SODA
The American
SODA
Prairie Farms

FACILE

Pour **4** verres
15 min de préparation
Coût €

BLACK COW

20 cl de crème fleurette bien froide • 4 boules de glace vanille • 1 l de cola ou de root beer • 4 cuil. à soupe de nappage chocolat • Une douzaine de cerises au marasquin

Matériel
Batteur • 4 grands verres • 4 pailles larges

1. Montez la crème en chantilly. Lorsqu'elle a doublé de volume, placez-la au frais.

2. Déposez 1 boule de glace au fond de chaque verre, versez doucement le cola dessus.

3. Nappez de chantilly et de chocolat. Décorez avec quelques cerises.

4. Dégustez bien froid avec une paille.

FACILE

Pour 4 personnes
5 min de préparation
3 min de cuisson
Coût €

CHOCOLATE MALLOWS

100 g de chocolat noir pâtissier • 50 cl de lait • Une douzaine de marshmallows • 2 cuil. à café de chocolat en poudre

Matériel
4 tasses

Coupez le chocolat en petits morceaux à l'aide d'un couteau à pain puis mettez-les dans un saladier.

Faites bouillir le lait puis versez-le sur le chocolat, mélangez le tout à l'aide d'un fouet en commençant par le centre. Une fois que le mélange est bien homogène, versez le chocolat chaud dans les tasses.

Ajoutez les marshmallows puis saupoudrez de chocolat en poudre.

Dégustez chaud.

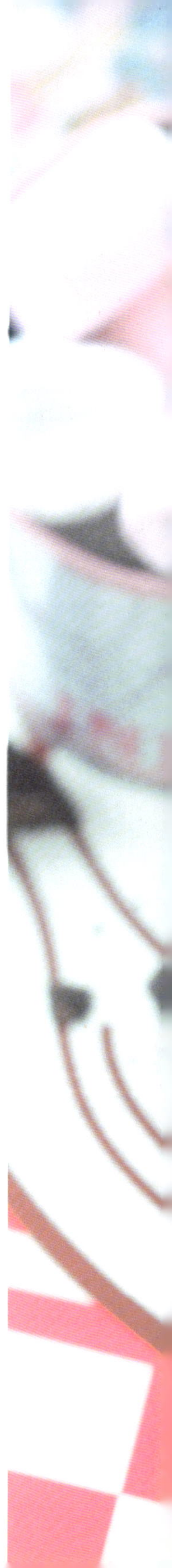

- MESURES ET ÉQUIVALENCES -

MESURER LES INGRÉDIENTS

INGRÉDIENTS	1 cuil. à café	1 cuil. à soupe	1 verre à moutarde
Beurre	7 g	20 g	-
Cacao en poudre	5 g	10 g	90 g
Crème épaisse	1,5 cl	4 cl	20 cl
Crème liquide	0,7 cl	2 cl	20 cl
Farine	3 g	10 g	100 g
Liquides divers (eau, huile, vinaigre, alcools)	0,7 cl	2 cl	20 cl
Maïzena®	3 g	10 g	100 g
Poudre d'amandes	6 g	15 g	75 g
Raisins secs	8 g	30 g	110 g
Riz	7 g	20 g	150 g
Sel	5 g	15 g	-
Semoule, couscous	5 g	15 g	150 g
Sucre en poudre	5 g	15 g	150 g
Sucre glace	3 g	10 g	110 g

MESURER LES LIQUIDES

1 verre à liqueur = 3 cl

1 tasse à café = 8 à 10 cl

1 verre à moutarde = 20 cl

1 mug = 25 cl

POUR INFO

1 œuf = 50 g

1 noisette de beurre = 5 g

1 noix de beurre = 15 à 20 g

RÉGLER SON FOUR

Température (°C)	Thermostat
30	1
60	2
90	3
120	4
150	5
180	6
210	7
240	8
270	9

- TABLE DES RECETTES -

- TABLE DES MATIÈRES -

-FAIT MAISON-

Déjà parus

- FAIT MAISON -
d'ailleurs

Déjà parus

Isabelle Brouant remercie personnellement :
Déjeuner sur l'herbe : www.dejeunersurlherbe.fr ;
Petit Pan : www.petitpan.com ;
Ressource peintures : www.ressource-peintures.com ;
Maisons du monde : www.maisonsdumonde.com ; GreenGate ;
Jars ceramists : www.jarsceramistes.com ;
Zarahome : www.zarahome.com
Et merci à Anne Vallet et Aline Princet, toujours enthousiastes, confiantes et joyeuses.

Pour l'éditeur, le principe est d'utiliser des papiers composés de fibres naturelles, renouvelables, recyclables et fabriqués à partir de bois issus de forêts qui adoptent un système d'aménagement durable. En outre, l'éditeur attend de ses fournisseurs de papier qu'ils s'inscrivent dans une démarche de certification environnementale reconnue.

Direction : Catherine Saunier-Talec
Responsable éditoriale : Anne la Fay
Responsable de projet : Anne Vallet
Conception intérieure et couverture : Salah Kherbouche
Réalisation intérieure : Les Paoistes
Correction : Charlotte Buch-Müller
Fabrication : Amélie Latsch
Responsable partenariats : Sophie Morier (smorier@hachette-livre.fr)

Dépôt légal : juin 2013
23-11-1259-02-3
ISBN : 978-2-01-231259-3
Impression : Décembre 2013, Cayfosa Espagne